民族之魂

明辨是非

陈志宏◎编著

延边大学出版社

图书在版编目（CIP）数据

明辨是非 / 陈志宏编著 . -- 延吉：延边大学出版
社，2018.4（2023.3 重印）
　（民族之魂 / 姜永凯主编）
　ISBN 978-7-5688-4537-3

Ⅰ.①明… Ⅱ.①陈… Ⅲ.①品德教育—中国—青少
年读物 Ⅳ.① D432.62

中国版本图书馆 CIP 数据核字（2018）第 069823 号

明辨是非

编　　　著：陈志宏
丛 书 主 编：姜永凯
责 任 编 辑：王　静
封 面 设 计：映像视觉
出 版 发 行：延边大学出版社
社　　　址：吉林省延吉市公园路 977 号　　邮编：133002
网　　　址：http://www.ydcbs.com　　E-mail：ydcbs@ydcbs.com
电　　　话：0433-2732435　　　　　传真：0433-2732434
发行部电话：0433-2732442　　　　　传真：0433-2733056
印　　　刷：三河市同力彩印有限公司
开　　　本：640×920 毫米　　　1/16
印　　　张：8　　　　　　　　　字数：90 千字
版　　　次：2018 年 4 月第 1 版
印　　　次：2023 年 3 月第 2 次印刷
ISBN 978-7-5688-4537-3

定价：38.00 元

人有灵魂，国有国魂；一个民族，也有民族魂。

鲁迅先生曾经说过："唯有民魂是值得宝贵的，唯有他发扬起来，中国才有真进步。"

鲁迅先生以笔代戈，战斗一生，曾被誉为"民族魂"。

民族魂，顾名思义，就是一个民族的灵魂！民族魂，是一个民族的精髓，体现了一种民族的精神，是一个民族生存和存在的精神支柱。

什么是中华民族的民族魂？那就是中华民族精神！它是中华民族凝聚力的理念核心，是中华文明传承的基因。它包含热烈而坚定的爱国情感，对生活的美好愿望和追求，为目标努力奋斗的拼搏毅力，为正义事业不惜牺牲自己的精神，以及正确的人生观和价值观。

前 言

翻开浩瀚的中国历史长卷，我们可以看到数不胜数的，体现民族精神和民族魂的英雄人物和可歌可泣的感人故事。

民族魂，不仅体现在爱国主义精神和行动中，而且体现在各个领域自强不息的民族奋斗中。而中华民族精神的力量，更是深深植根于延绵几千年的传统文化之中，始终是维系中华各族人民共同生活的纽带，是支撑中华民族生存和发展的精神支柱，是不断推动中华民族前进的强大动力。

民族魂体现在"重大义，轻生死"的生死观中；民族魂体现在"国家兴亡，匹夫有责"的使命感中；民族魂体现在"我以我血荐轩辕"的大无畏精神中；民族魂

体现在将国家利益置于最高的爱国情怀中！

纵观中华五千年文明史，曾经有多少杰出的政治家、军事家、思想家、文学家、科学家、艺术家；曾经有多少忧国忧民、鞠躬尽瘁的仁人志士；曾经有多少抗击外敌、英勇献身的民族英雄。他们或顺应历史潮流，积极改革弊政，励精图治，治国安邦，施利于民；或为人类进步而不断进行着农业、工业、科技、社会等各种创新；或开发和改造河山，不断创造着灿烂的中华文明；或英勇反击外来侵略，捍卫着国家主权和民族尊严；或坚决反对民族分裂，维护国家的统一……他们从不同的侧面，体现了中华民族的民族魂，谱写了几千年中华文明的壮丽诗篇，铸造了中华民族高尚而坚不可摧的"民族之魂"。

民族魂，就是爱国魂。从屈原在汨罗江边高唱的《离骚》，到文天祥大义凛然赴死前的"人生自古谁无死，留取丹心照汗青"的诗句；从岳飞的岳家军抗击入侵金兵，到郑成功收复台湾；从血雨腥风的鸦片战争，到硝烟弥漫的十四年抗战，再到抗美援朝的隆隆炮声……哪个为国捐躯的英雄不是可歌可泣的？

民族魂，就是奋斗魂。从勾践卧薪尝胆，到司马迁秉笔直书巨著《史记》；从鉴真东渡传播佛法终在第六次成功，到詹天佑自力更生建铁路；从袁隆平百次实验成为"水稻之父"，到屠呦呦的青蒿素获得诺贝尔奖……哪个不是历经艰难，最终取得成功？

民族魂，就是改革献身魂。从管仲改革到商鞅变法；从王安石变法到百日维新……哪次变法图强不是要冲破旧势力的阻挠，或流血牺牲？

民族魂，就是创新魂。古有毕昇发明活字印刷，今有王选计算机照排；古有指南针、造纸术、火药、浑天仪、地动仪的发明，今有神舟号的相继飞天……哪个不是中华民族的智慧结晶？

自古以来，多少仁人志士为了维护人格的尊严和民族气节，以生命为代价！留下了"玉可碎不可污其白，竹可断不可毁其节"的称颂；有多少英雄豪杰，为理想和事业奋斗，面对死亡的威胁，大义凛然；有多少爱国壮士面对侵犯祖国的列强，挺身而出而献出生命。

伟大的中华民族孕育了五千年的辉煌，五千年的历史留下了璀璨的中华文明。

前言

中国人的血脉流淌着顽强不屈的精神！我们的先辈用血汗和生命铸就了不朽的中华民族魂！换得如今中华大地的一片祥和安宁，换得我们现在的幸福生活。如今，我们要实现习近平主席提出的中国梦，依然需要我们秉承祖辈留下的这种"民族魂"。

青少年是国家的希望，亦是民族的未来。因此，爱国主义教育和励志图强教育要从青少年开始。为了增强对青少年的民族精魂和志向教育，我们精心编写了本套丛书——《民族之魂》丛书。

本套丛书将我国有史以来体现民族精神和民族魂的典型事迹，以通俗易懂的语言故事形式展现出来，适合青少年的阅读水平和欣赏角度。书中提供的人物和事件等故事，涉及社会的各个方面，有利于青少年学习和理

解，使读者能全方位地领悟中华民族精神。

为了帮助读者更好地理解和吸收故事的精神，编者在每篇故事后还给出了"心灵感悟"，旨在使故事更能贴近现实社会，让读者结合自身的需要学习领会，引发读者更深入的思考。

希望读者们可以从本套图书中获得教益，通过阅读，真正体会到中华民族之魂所在，同时能汲取其精华，不断提升自己各方面的素质和品格，为祖国新时代的建设和发展做出努力。

全套丛书分类编排，内容详尽，风格独具，是广大读者尤其是青少年爱国励志教育的优秀阅读材料。相信本套丛书一定可以成为青少年朋友的良师益友。

导言

　　明辨是非，指的是分清楚是和非、正确和错误，它出自《礼记·中庸》："慎思之，明辨之，笃行之。"明辨是非，是中华民族的传统美德之一，它既是个人修养之要，也是社会公德的最高准则。它的标准是是非可辨，善恶分明。而明辨是非的最高境界，则在于当是非混淆时，以"理"为剑，在纷繁复杂的形势之下，对正确与错误做出准确的界定。

　　古往今来，无数前辈以"明辨是非"为座右铭，他们身体力行，为后人做出了典范，他们以感人的事迹激励人，以聪慧的做法教化人，以精辟的见解鼓舞人。他们不仅影响着同时代的民风，而且对后世中国产生了深远的影响，为后人留下了宝贵的精神财富。

　　明辨是非不仅是一种美德，更是一种能力。世界之大，纷繁复杂，养成明辨是非的能力尤为重要。如何看待问题、审视问题，继而解决问题，成为很多人心中的苦恼。一般说来，常态情况下，是与非的界定通常是浅显易知，但在特殊繁杂的社会大环境下，许多情况下就需要人们有良好的心理素质和积极正确的策略。

　　在改革开放、构建和谐社会的今天，我们依然要弘扬明辨是非的精神，这是缔造两个文明的基础，是构造和谐社会的前提。我们当应以之为行为准则，牢记先辈们的光辉事迹，用实际行动重温这种高洁的美德。

本书中，我们精选了历史上能够代表和反映明辨是非的典型人物和故事，希望读者通过对此书的阅读，能够更深刻地理解明辨是非的精神内涵，对自己的生活和工作有很好的启迪作用。

目录
CONTENTS

第一篇
慧眼识人才

晏殊正直得重用

晏殊（991—1055），字同叔。北宋前期婉约派的词人之一。抚州临川文港乡（今南昌进贤县）人。7岁能文，17岁时因才华横溢而被朝廷赐为进士。之后到秘书省做正字，北宋仁宗即位之后，升官做了集贤殿学士。性刚简，自奉清俭。能荐拔人才，如范仲淹、欧阳修均出其门下。他生平著作颇丰富，计有文集240卷。晏殊的词在北宋时期被认为有承先启后的重要地位，其词工于造语，多是会友宴游之作，多以男欢女悦、别绪离情为内容，风格闲雅清婉，词风和婉明丽，风流蕴藉。他的主要词集《珠玉词》共有120多首词。

北宋景德年间，地方官向朝廷推荐了两名颇有才华的神童：一位名晏殊，一位名蔡伯俙。

真宗皇帝听说有这样的奇才后非常高兴，亲自召见神童，并出题考试他俩的才学。

论才学，蔡伯俙和晏殊不相上下；但论品德，两人却不一样。蔡伯俙有心压倒晏殊，一看试题容易，立刻挥笔疾书开始答卷。晏殊见试题

恰是自己十天前在家里曾做过的题目，就诚实地对皇帝讲明，并请求另出一个更难的题目。这样一来，蔡伯俙先交了答卷，他还暗笑晏殊是傻瓜。

真宗皇帝对晏殊、蔡伯俙的答卷都很满意，破例赐他俩官职，留在朝廷里伴同皇太子读书。皇太子年纪小，贪玩而不愿读书。晏殊总是耐心地规劝他，惹得皇太子有些生厌。而蔡伯俙小小年纪就学会了迎合，处处讨皇太子的欢心。宫里的门槛很高，皇太子跨不过去，蔡伯俙就趴在地上用脊背给太子垫脚。

有一次，真宗皇帝要检查皇太子的学业。皇太子做不出文章，让晏殊代做一篇应付。晏殊觉得这是弄虚作假，没有答应太子的要求。蔡伯俙却谄媚地赶写了一篇文章，送给皇太子照抄。真宗皇帝检查时，感觉文章不像皇太子做的，便追问起来，晏殊如实禀告。这下子更得罪了皇太子，太子恶狠狠地指着晏殊骂道："我将来当了皇帝，要杀你的头！"晏殊毫无惧色地回答："就是杀我的头，我也不说假话，不做假事。"

真宗皇帝死后，太子继位，当了仁宗皇帝。蔡伯俙自以为与仁宗皇帝关系好，这下定可做大官了，不料仁宗皇帝却任命晏殊为宰相。蔡伯俙不服，问仁宗皇帝。仁宗说："当时我年幼不懂事，现在我知道应该怎样识别真正的人才。不错，你和晏殊都颇有才华，可是你为人不诚实，有欠正派，让人放心不下。宰相身负国家重任，应该由晏殊这种德才兼备的人来担任。"

故事感悟

晏殊为人正直，按章办事，自然受到重用。反之，蔡伯俙却因品德略逊，与宰相一职失之交臂。由此看来，怀有一颗明辨是非的心何其重要。

清平乐

（宋）晏殊

春来秋去，往事知何处。

燕子归飞兰泣露，光景千留不住。

酒阑人散忡忡，闲阶独倚梧桐。

记得去年今日，依前黄叶西风。

刘秀用人不疑

　　冯异（？—34），字公孙，颍川父城（今河南宝丰县东）人。东汉著名军事家，精通《孙子兵法》，曾协助刘秀创建东汉政权，随刘秀安定河北，为刘秀偏将军，封应侯。后又封为孟津将军。在多年的行军作战中，冯异为刘秀建立东汉王朝立下了汗马功劳。但冯异谦逊，从不夸己功，诸将并坐论功，他常避于大树下，被誉为"大树将军"。刘秀即位后，封冯异为阳夏侯，任征西大将军。汉明帝时，被封为"云台二十八功臣"之一。建武十年（34年）夏，冯异与诸将齐攻落门，尚未攻克，病发，在军营中去世，谥节侯。

　　冯异是东汉中兴的名将，新莽末年，冯异在南阳郡担任掾吏，负责监察和守卫父城等五个县，刘秀起兵反莽时，冯异与苗萌共同守城，对抗义军。更始年间，他归降刘秀担任主簿职务，跟随刘秀破河北割据势力王郎，被封应侯，又协助刘秀镇抚河北。

　　冯异为人谦让，许多将领并坐论功时，冯异总是独坐大树下，因此军中称他为"大树将军"。后拥戴刘秀称帝，被封为阳夏侯，任征西大将军，镇压过赤眉农民起义军，平定三辅割据势力。

冯异手握重兵，长年征战在外，心中不安，于是上书请求内调朝廷，光武帝未允。后有人告发，说冯异专制关中，擅自斩杀长安令，威信和权力都很大，也颇得人心，号为"咸阳王"。

光武帝派使者将这些奏书给冯异看，冯异看后十分惶恐，随即上书表示忠诚，写道："臣本诸生，遭遇受命之会，充备行伍，过蒙恩私，位大将，爵通侯，受任方面，以立微功，皆自国家谋虑，愚臣无所能及。"

光武帝以诏书答复冯异："将军之于国家，义为君臣，恩犹父子。何嫌何疑，而有惧意？"表示对冯异的信任。

建武六年，冯异回到洛阳，刘秀立即召见并且向公卿介绍说，这是我起兵时的主簿，为我披荆棘，定关中。又提起"芜蒌亭豆粥"和"滹沱河麦饭"的坎坷往事。

当年，刘秀镇抚河北时，为王郎部队所迫，退至饶阳县芜蒌亭，恰逢天寒地冻，饥寒交迫。此时，冯异给刘秀煮了一锅豆粥喝。第二天，刘秀对诸将说："昨天得公孙的豆粥，饥寒俱解。"到了南宫又逢大风雨，刘秀等人在空屋中避雨。冯异、邓禹抱薪点火给刘秀烘烤衣服，冯异又给找来了麦饭和兔肉。

光武帝始终没忘冯异的厚意，后来特意让中黄门赐以珍宝、衣服、钱帛等回报。并下诏："仓卒芜蒌亭豆粥，滹沱河麦饭，厚意久不报。"

冯异稽首谢道："臣闻管仲谓桓公曰：'愿君无忘射钩，臣无忘槛车。'齐国赖之。臣今亦愿国家无忘河北之难，小臣不敢忘巾车之恩。"

所谓"巾车之恩"，是冯异追述刘秀对他的恩德。早年，冯异与刘秀在一起。一次，冯异私自外出，被巡逻军士怀疑逃跑而予扣留，刘秀在巾车乡将他释放。冯异提出想回家探望母亲，刘秀予以放行以示不疑。冯异重提往事，表示不敢忘"巾车之恩"，是以过去君臣之间的相互信任，来重申现在君臣相知的关系。

冯异在洛阳留了十余日，刘秀多次赐宴款待，并共同商议灭西蜀公孙述之事。刘秀还让冯异回任镇守关中，并允许他带上妻子家人，以示信任。冯异对刘秀一直是忠心耿耿，以身报效而不敢有私。最后，冯异死于征伐隗纯的战斗中。

■故事感悟

古人论及用人之道，十分推崇"用人不疑，疑人不用"。刘秀之所以能兴复汉室，完成统一大业，这与他善于识人、善于用人是分不开的。他不疑冯异，就是一例。用人者不嫌不疑，不但应在人失败和危难之时，也应在其顺利有功之后，特别是要防备出于嫉妒、挑拨的诬陷和中伤，这样才能君臣相得，始终如一。

■史海撷英

东汉光武帝励精图治

自新末大乱到天下再次统一，历经近20年。此间，百姓伤亡惨重，战死和病饿而死者不计其数，刘秀再次统一天下后，全国人口呈现出"十有二存"的状况。

为使饱经战乱的中原地区尽快地恢复和发展，刘秀接连下达六道释放奴婢的命令，使自西汉末年以来，因大量失去土地而沦为奴婢的农民问题得到改善，也使战乱后大量土地荒芜而人口不足问题得到了有效解决。

与此同时，刘秀还裁撤官吏，合并郡县。他曾下诏："并省四百余县，吏职减损，十置其一"，以此来减轻人民的赋税负担。

至刘秀统治末期，人口数量已达到2000多万，比统治初年增长了一倍多，经济也得到了极大发展。

披荆斩棘

"披荆斩棘"意思是指劈开丛生多刺的野生植物。比喻在前进道路上清除障碍，克服困难。它出自南朝·宋·范晔《后汉书·冯异传》："帝谓公卿曰：'是我起兵时主簿也，为吾披荆棘，定关中。'"

冯异是东汉初期一位著名的军事将领，是东汉光武帝刘秀手下的一员大将，立下不少战功，成为东汉的开国功臣之一。

25年，刘秀建立了东汉政权，做了皇帝，他派冯异大将军平定了关中。此后，刘秀封冯异为阳夏侯，任征西大将军。

30年，冯异到京城洛阳，朝拜光武帝。光武帝隆重地接待了他，并向文武百官介绍说："他是我当年起兵时的主簿，为我在创业的道路上劈开了丛生的荆棘，扫除了重重障碍，平定了关中广大地区，是个有功之臣啊！"

孙权信任诸葛瑾

诸葛瑾（174—241），字子瑜，琅玡阳都人。东汉末年三国时期东吴重臣，官至大将军。诸葛瑾是蜀汉丞相诸葛亮的胞兄，其子诸葛恪也在东吴官至太傅。生于经学世家的诸葛瑾，博览《诗经》《尚书》及《左氏春秋》。诸葛瑾公私分明，虽与胞弟诸葛亮阔别多年，但在出使蜀国时，兄弟聚面只谈论公务，私下不相往来。

三国时期是各方争相延揽人才，人才也各择明主的时期，因此，兄弟各仕一方的情况并不罕见，其中最著名的当推诸葛氏家族。蜀汉贤相诸葛亮的亲哥哥诸葛瑾在吴国屡任要职，仕为大将军，族弟诸葛诞在魏国也统领重兵，镇守一方。而在吴、蜀两国由联合转为对抗之际，吴主孙权对诸葛瑾的信任却始终不渝，被传为千古美谈。

汉末时诸葛瑾躲避战乱到达江东，被人推荐给孙权，受到孙权的信任，被任命为长史，后改任中司马。

诸葛亮为孙、刘联合之事出使东吴时，孙权曾授意诸葛瑾挽留诸葛亮，说："卿与孔明（诸葛亮）同产，且弟随兄，于义为顺，何以不留孔明？孔明若留从卿者，孤当以书解玄德，意自随人耳。"诸葛瑾回答说："弟亮已失身于人，委质定分，义无二心，弟之不留，犹瑾之不往也。"明确表示兄弟各事其主，皆忠心无二的态度。

建安二十年（215年），诸葛瑾奉命到益州去见刘备，商议两国通好的事情。他与弟弟诸葛亮"俱公会相见，退无私面"，表明兄弟二人皆以公务为重，不把兄弟私情掺杂进去。

建安二十四年（219年），孙权派军以武力强夺荆州，孙、刘联盟破裂。诸葛瑾随同吕蒙等进攻关羽，以功封宣城侯。后又任绥南将军，代吕蒙为南郡（治江陵，今属湖北）太守，驻守公安。

章武元年（221年），刘备为报吴国夺取荆州及杀害关羽之仇，亲统大军讨伐吴国。孙权派遣使臣向刘备求和，诸葛瑾也写信给刘备，责备他不该为报关羽被杀的小仇，就破坏孙、刘联盟，放弃恢复汉室天下的大业。

这时，有人说诸葛瑾另外派遣亲信与刘备联系，这话传到孙权那里，孙权说："孤与子瑜有生死不易之誓，子瑜之不负孤，犹孤之不负子瑜也。"

然而，这些谣言流传颇广，主持对蜀作战的大都督陆逊上表给孙权，保证诸葛瑾绝不会那样，希望孙权能明确表示，以消除谣言。

孙权写信答复陆逊说："子瑜与孤从事积年，恩如骨肉，深相明究。其为人，非道不行，非义不言。"并表示已把那些诬告诸葛瑾的奏疏都加封后派人送给诸葛瑾，同时还送去自己的亲笔书信。

孙权在给陆逊的信中最后道："孤与子瑜，可谓神交，非外言所间。知卿意至，辄封来表以示子瑜，使知卿意。"派人把陆逊力保诸葛瑾的表章也送给诸葛瑾。

此后，孙权对诸葛瑾的信任始终如一，诸葛瑾先后升任左将军、大

将军。诸葛瑾去世后，他的儿子诸葛恪继续受到孙权的重用。孙权病危之时，任命诸葛恪为辅政大臣，托以后事。

■故事感悟

看清一个人的为人是知人善任的前提条件，孙权正是清楚诸葛瑾的为人，才给予其足够的信任，因而诸葛瑾抱着誓死的决心为国家效忠，以至于儿子诸葛恪也继承了其官职与精神。

■文苑拾萃

诸葛瑾墓

诸葛瑾墓位于今江苏省常州市郊北港乡连江桥下塘。该墓为土墩，占地约五亩，高4～5米，墓前原分左右两墩，一为印墩，二为剑墩。清道光年间，曾在墩下锄得篆文"诸葛子瑜之墓"小玉碑，出土汉代玉锁、玉猪及铜镜、陶瓷器皿等。今墓已不存。

唐太宗破格升马周

马周（601—648），字宾王，博州茌平人（今山东），唐朝初年名臣。早年孤贫，然熟读《诗经》和《春秋》。武德年间，一度出任州助教，但因不理政事而被刺史达奚恕指责，遂辞官而去。后至汴州，被浚仪令崔贤羞辱，于是西入长安，投入常何门下为门客。贞观五年（631年），唐太宗下诏令各官言得失，马周为常何捉刀代写二十余策，得到唐太宗的赏识，入门下省为官，次年升任监察御史。马周办事周密，尤擅言辞，为时人称颂，唐太宗曾表示："暂不见周即思之"，因此升迁快速。贞观十八年（644年），马周升任中书令。后奉命辅佐太子李治，但由于患消渴症，于48岁时病逝，死后被唐太宗下令陪葬昭陵。

武德年间，马周被封为州助教，后辗转密州、汴州，始终不被重用，遂至长安，在中郎将常何家做门客。

贞观五年（631年），太宗命百官上书论为政之得失。常何行伍出身，不通文墨，只好让马周代笔。"周为条二十余事，皆当世所切。"太宗看后深为赞赏，但知道常何不可能有此才能，便询问其故。

常何如实回答:"此非臣所能,家客马周教臣言之。客,忠孝人也。"

求贤若渴的唐太宗立即命人召见马周。马周一时未至,太宗又连续四次派人催促。

马周来后,与太宗纵论天下大事,太宗非常高兴,诏命他于门下省供职。次年,拜监察御史。

马周克勤尽责,十分称职。太宗以常何识人有方,赐帛三百段。

马周"有机辩,能敷奏,深识事端,故动无不中"。他曾上书劝太宗改革封藩制度,只让诸王享受封区收益,不给他们军事、行政权力;又劝太宗去奢从俭,慎择州县长官,改善地方吏治,不拘一格,选拔人才等。其建议多为太宗采纳,对贞观之治局面的出现起了很大的促进作用。太宗视马周为肱股之臣,曾说:"我于马周,暂时不见,则便思之。"

为了使马周发挥更大的作用,太宗打破常规,不断提拔他。短短的十几年间,马周由监察御史除侍御史,又擢拜给事中、转中书舍人,迁治书侍御史、兼知谏议大夫,检校晋王府长史,拜中书侍郎、兼太子右庶子,迁中书令、兼太子右庶子,后又摄吏部尚书,进银青光禄大夫。

马周也不负众望,无论在何职任,均政绩斐然,成为与魏征、戴胄、杜如晦等人齐名的贞观名臣。唐太宗曾高度赞扬他说:"马周见事敏速,性甚贞正,至于论量人物,直道而言。朕比任使之,多称朕意。既写忠诚,亲附于朕,实借此人,共康时政。"

贞观二十二年(648年),马周病逝,太宗甚为哀悼,命赠幽州都督,陪葬昭陵。

■故事感悟

马周之所以能够在短暂的一生中由布衣累迁至中书令,在政治上发挥了重要作用，固然与他本人的才干有很大关系，但唐太宗慧眼识人，不问出身资历，不拘一格拔擢人才，也是一个重要的原因。唐太宗的这种做法，在中国人才史上写下了精彩的一笔。

中郎将

中郎将是我国古代官名。秦代开始设置中郎，至西汉分五官、左、右三中郎署，各置中郎将以统领皇帝的侍卫，是光禄勋。汉平帝时，又设置虎贲中郎将，统虎贲郎。后又置羽林中郎将，统羽林军，与虎贲中郎将同级，低于诸将军和校尉。

东汉以后，中郎将名号被各割据势力广泛使用，封加于武官，而不再限于禁卫统领等职，是介于将军和校尉之间的阶层，其职位、品秩、权力差异很大。统兵将领也多用此名号，其上再加称号，如使匈奴中郎将、北中郎将等。

魏晋南北朝时，中郎将中较著名的有：建威中郎将周瑜、军师中郎将诸葛亮等。建安中，魏王曹操嗣子曹丕就领五官中郎将，为丞相的副职。此后出现的东南西北等中郎将，其地位高于杂号将军。

至唐代，中郎将之名恢复为各府卫的禁卫统领，品级在正、从四品之间，为低级武职。宋初，中郎将曾为虚衔，之后废止。

唐太宗昭陵

昭陵是唐朝第二代皇帝唐太宗李世民的陵墓，也是陕西关中"唐十八陵"中规模最大的一座。该陵墓位于现今陕西省礼泉县城东北 22.5 千米的

九嵕山上。

昭陵陵园周长60千米，占地面积200平方千米，共有陪葬墓180余座，被誉为"天下名陵"，是我国帝王陵园中面积最大、陪葬墓最多的一座，也是唐代具有代表性的一座帝王陵墓。

从唐贞观十年(636年)太宗文德皇后长孙氏首葬，到开元二十九年(741年)，昭陵陵园建设总共持续了105年之久。陵墓的地上及地下遗存有大量文物，这些文物是初唐走向盛唐的实物见证，也是后人了解研究唐代乃至我国封建社会政治、经济、文化等历史的文物宝库。

1961年，国务院公布昭陵为全国第一批重点文物保护单位；2002年，昭陵又被国家旅游局评定为"3A"级旅游景区。

王思远劝王晏自裁

王晏（890—966），徐州滕县（今山东滕州）人。南朝齐时大将，先后经历四朝帝王，官至太子太师，封韩国公。

王晏的堂弟王思远是御史中丞，郁林王萧昭业被废黜以前，他看出王晏的活动，便劝王晏说："大哥，你深受武帝厚恩，为什么要帮别人对付武帝的皇太孙？"

王晏白了堂弟一眼说："武帝的后人可不止一个。"

"算了吧，人家只是利用大哥，大哥这样做，将来怎么自立？"

"阿戎（"阿戎"是对堂弟的通称），你不要多嘴。"

"我看大哥不如拿把刀子自裁，至少可以保全门庭，后世不失英名。"

王晏气得直吹胡子。

齐明帝萧鸾即位后，任命王晏为骠骑将军。王晏得意地把全家召集一起说："当初阿戎劝我自裁，我要听他的，能有今天这一切吗？"

王思远应声说："大哥现在按我的话做，还不算太晚。"

后来，王思远看出萧鸾对王晏的猜忌，很为王晏担心，又劝王晏

说："大哥，你真的感觉不出形势有变化吗？人哪，多半拙于自谋而巧于谋人。"

王晏不理睬他。他一走，王晏才叹口气说："世上竟有这样人，居然劝人去死。"王晏根本没想到，十天以后，王思远的话就应验了。王晏被萧鸾诛杀，而王思远因远离政治漩涡，故得以保全。

■故事感悟

俗话说，识时务者为俊杰。只有看清事情的发展趋势，辨出事情的是与非，方能立足于世，否则结果可能不堪设想。在该故事中，王晏就是没能看透事情的本质，所以惹来杀身之祸。

■史海撷英

太子太师

太子太师是古代官职名，与太子太傅、太子太保并称为"东宫三师"。西晋时期开始设置。汉、魏时期只置太子太傅、少傅。晋武帝咸宁时期，设置有六傅之职，加置太师、少师、太保、少保。期间，因回避司马师讳，太师写法缺笔，写作"太帅"。

南朝时期未置此职，北魏又恢复设置，以太子太师、太傅、太保为"东宫三太"，官级为正二品。北齐沿置，称三师，掌师范训导，辅翊皇太子。

隋朝和唐朝都沿置此职，隋朝为正二品，唐朝为从一品。

至宋代，太子太师、太傅、太保，作为加官，只授给宰相相官未至仆射者与致仕的枢密使，而不是以前的东宫官。

辽代为面朝官，自金海陵王天德四年（1152年）起，都设有太子三师、太少。

元代无常置。明朝初期，以朝臣兼东宫师傅；明成祖以后，太子三师、三少只用为兼官、加官和赠官。清代沿袭明制。

皇太极治国启用汉人

皇太极（1592—1643），一作黄台吉、洪太极、洪太主等，均为同音异写，满族。爱新觉罗氏，正白旗。清朝的建立者，史称清太宗，杰出的政治家、军事家、战略家、后金统帅。

清太宗皇太极是一个文武双全的君主，他不仅"勇力绝伦，颇有战功"，而且很爱看书学习，在努尔哈赤诸将中唯有他识字。他统治的17年，为清兵入关夺取全国政权奠定了坚实的基础。这里当然有许多原因，而皇太极大胆任用汉族人才则是重要原因之一。

在与明王朝对峙的时候，皇太极认真分析了后金所处的内外形势，清醒地认识到汉族知识分子对于满族入关夺取政权的重要作用。因此，在他建立"大清国"后，便实行开科取士，举荐人才，特别注意网罗汉族知识分子，因为这些人熟悉明朝的典章制度，洞悉明廷的弊端，可以作为他击败明朝的得力助手。随之而来的便是优礼汉族知识分子，充分发挥他们的作用。

即使在残酷的战争时代，皇太极也时刻不忘治国用才之必要，并一再提醒部下："惟多得人为可喜耳。金银布帛，用之有尽，如收得一二

贤能之人，堪为国家之助，其利赖宁有穷也？"

对于满族贵族来说，认识到用人的重要性，不等于敢于用人，更谈不上敢于用汉人。因为在一些满族贵族看来，只有他们是最尊贵的，而汉人只配给他们做奴仆，不能与他们平起平坐，共同议论朝政。唯有皇太极一直在努力纠正这些偏激情绪。后金天聪九年（1635年），皇太极下荐贤诏，明确规定，不论满、汉，凡有才之士，皆可举荐。

皇太极的目光主要集中在汉族知识分子身上。在位期间，他任用了范文程、高鸿中、鲍承先、张存仁、马光远、石廷柱等一大批汉族知识分子。为了进一步笼络汉人，他还宣布了对汉族士人的几项优礼条件。一是现任明朝官员投降者，其子孙可世袭父职不变；二是汉人杀掉当地官员投降者，视功劳大小授官；三是单身来投者，国家尽力恩养，待遇优厚。这样一来，就有一大批汉族知识分子投到皇太极的麾下。仅大凌河之役，皇太极就一次招降汉官100多人。

皇太极重视发挥汉人的作用，不仅表现在将汉人另编成汉军八旗，而且对其中的杰出人物委以重任，甚至参与机务。在皇太极重用的一大批汉族知识分子中，最有代表性的当属范文程。

范文程是宋代名臣范仲淹之后，明朝沈阳县学生员，努尔哈赤攻陷抚顺后即投奔后金。当时，努尔哈赤十分器重他，在连续夺取明朝城池的战役中注意听取他的意见。而范文程真正发挥作用则是在皇太极统治时期。皇太极知道范文程是难得的人才，因此在天聪三年（1629年）建立文馆之后，即将范文程拨入其中，参与帷幄，成为主要谋士之一。

这一年冬天，皇太极亲统大军，直趋北京。明宁远巡抚袁崇焕、锦州总兵祖大寿率师回援，双方激战于北京城郊，相持不下。范文程遂向皇太极进反间计，使猜忌而多疑的崇祯帝误信袁崇焕与皇太极之间已有密约，将袁逮捕下狱，不久处死。范文程的反间计，不仅为皇太极拔除了一个宿敌，并使后金兵马从容退出关外。

从此，足智多谋的范文程日益受到皇太极的器重和宠信。崇德元年（1636年），文馆改为内三院，范文程被任命为内秘书院大学士，进世职二等甲喇章京，成为皇太极身边不可缺少的重要人物。在满族政权建设以及招降明朝官员方面，范文程表现出了他的独特才干。而皇太极也更加器重范文程，并充分发挥他的才干。每当官员议政，拿出方案，皇太极总要问："范章京知否？"每当朝臣们议政不决，皇太极总是提醒他们："何不与范章京议之？"凡是经范文程参与议决的事情，皇太极总是毫不犹豫地签署批准。范文程生病时，皇太极则令对重大问题的处理"待范章京病已裁决"。

清政府与各国交往的重要文书，几乎都由范文程起草。起初，皇太极还要审看一遍，后来，凡经范文程之手的文件，皇太极"乃不复详审，曰：'汝当无谬也。'"

晚年时期的皇太极因为权力的集中，性格也愈加暴躁，许多亲王、大臣动辄得咎，或被削职，或被罢官，而对范文程则始终宠信不衰。每次召见，"必漏下数十刻始出，或未及食息，复召入"。范文程已成为皇太极身边的重要决策人物。

我们可从皇太极对范文程的信任与重用，看到他大胆使用汉人的勇气和魄力。正是有了范文程这样一批汉族知识分子，清政权的建设才逐步走上正轨，国力才日渐强盛，从偏居一隅的地方政权发展成为代明而立的强大势力。可以说，在清王朝建立的过程中，汉族知识分子的作用十分显著，而皇太极大胆使用汉人则是他们发挥作用的根本保证。

■故事感悟

人才对社会的发展有目共睹，但在历史的某些特殊时期，千里马不被

赏识的事情也不在少数，这对于一个国家不得不说是一件憾事。因此，不拘一格降人才应成为社会进步的需要，而皇太极为后人做出了典范。

□史海撷英

议政王大臣会议

"议政王大臣会议"为清初最高的权力机构，是"议政王"与"议政大臣"集议诸事的一种议政形式，在清朝前期存在了相当长的时间，它是清朝前期满族上层贵族参与处理国政的制度。

早在太祖努尔哈赤建立后金汗国之初，即已形成这种议政形式。努尔哈赤创建八旗制度后，又设议政大臣五人，理事大臣十人，与诸贝勒每五日朝集一次，共同协议国政。

崇德元年，皇太极正式称帝，改国号为清。同时，原来的旗主贝勒全部封王，并下令除八旗固山额真继续兼议政大臣外，每旗另设议政大臣三人。此时，正式出现了"议政大臣"的职名。

议政大臣的成员由上层贵族及八旗大臣组成，"议政"是一种正式的职衔，代表着一定的权力和地位，需经皇帝任命。清统一全国后，议政王大臣会议成员有所增加，除亲王、郡王、贝勒外，贝子及公一级也有参加议政。除满八旗的固山额真和大臣外，蒙八旗的固山额真及六部满、蒙尚书也列为议政大臣。

清初，议政王大臣会议对重大决策起过重要的作用。但随着君主专制制度的加强，君主的权限扩大及其主张的独行，使议政王大臣会议的功能逐步下降。而议政王大臣会议人数的增加，较低级别的贵族和大臣的参与，实际上降低了议政王大臣会议的权力和地位。

议政王大臣会议虽继续存在，但所议之政已只限于军务，其功能也不如清初的议政王大臣会议。至乾隆五十六年(1791年)，乾隆帝取消了议政王大臣职名，议政王大臣会议制度也随之消失。

■文苑拾萃

楚泽凯旋和王郡守韵

（清）范文程

辰阳十月菊丛芳，策马归来自夜郎。
战绩共歌周召虎，经生犹识汉京房。
五溪浪静梅将白，二酉烟消酒半黄。
截罢长鲸烟水阔，好招鸿雁到潇湘。

赵匡胤慧眼识张齐贤

宋太祖赵匡胤（927—976），宋朝的开国帝王，庙号太祖，涿州（今河北）人。出身于军人家庭。948年，投后汉枢密使郭威幕下，屡立战功。951年，郭威称帝，建立后周，赵匡胤任禁军军官，周世宗时官至殿前都点检。周世宗柴荣死后，恭帝即位。建隆元年（960年），赵匡胤以"镇定二州"的名义，谎报契丹联合北汉大举南侵，领兵出征，发动"陈桥兵变"，黄袍加身，代周称帝，建立宋朝，定都开封。

有一年，宋太祖赵匡胤到西都（今河南洛阳西）巡幸。车驾将行，突然一名书生拦住圣驾，要向太祖奉上治国之策。太祖惊奇，当即把此人带至行宫。

此人姓张名齐贤，曹州冤句（今山东曹县西北）人，字师亮，三岁时遭逢后晋动乱，徙居至洛阳，少时孤弱贫穷，却好学不倦，心怀大志。

张齐贤随太祖到行宫之后，以石画地，奏陈十条建议：一为攻取并州（今山西太原）、汾州（今山西汾阳）；二为富民；三为分封五侯；四为提倡敦睦孝敬，五为推举贤才，六为兴建太学，七为籍田，八为选拔优良官吏，九为慎重施行刑罚，十为惩处奸邪。

宋太祖认为其中四条合乎自己之意，张齐贤却坚持认为十条皆为善策，与太祖争执起来。太祖大怒，立即命令武士将其拖出去，人们都为张齐贤捏着一把汗。

太祖并没有处罚怪罪，回到京城之后，对其弟赵光义说："我幸西都，唯得一张齐贤尔，我不欲爵之以官，异时可使辅汝为相也。"

赵匡胤不愧为一代明主，张齐贤以一布衣拦驾献策，并在万乘之尊面前固执己见，他虽乘怒令人将其拽出，但却深知张齐贤为治国良才，并嘱其弟将来任用为相，足可见其识人、用人之明。

太宗赵光义继位为帝后，依其兄之言，欲将张齐贤擢为进士高第，而主选官却未选上。太宗遂任命张齐贤以大理评事通判衡州。"时州鞫劫盗，论皆死，齐贤至，活其失人者五人。自荆渚至桂州，水递铺夫数千户，困于邮役，衣食多不给，论奏减其半。"不久便迁升为秘书丞、知忻州事。

之后，张齐贤又连连升迁，先后任著作佐郎、直史馆、左拾遗、给事中、知代州。守北部边境多年，皆有战功。端拱二年（989年），领河东制置方田都部署，入拜刑部侍郎、枢密副使。淳化二年（991年），任参知政事，数月之后，便被太宗拜为宰相，任吏部侍郎、同中书门下平章事。

此后，张齐贤历仕太宗、真宗两朝，所到之处，多有政绩，后以司空致仕，史称张齐贤"四践两府，九居八座，以三公就第，康宁福寿，时罕其比"。

张齐贤以布衣见太祖，即为所知；再为太宗所任用，数历大任；虽可见张齐贤之才，更可见宋太祖、太宗之长于识人，善于用人。

■故事感悟

常言道"英雄不问出处"，倘若将之进一步延伸就是"人才不问出处"。宋太祖不拘一格降人才的魄力令人们钦佩，而事实也证明了识才用才方能使得国运昌盛。

■史海撷英

赵匡胤险遇冷箭

一次，赵匡胤乘驾出宫。当经过大溪桥时，忽然飞来一支冷箭，射中了黄龙旗。禁卫军都大惊失色，太祖却拍着胸膛说："谢谢他教我箭法。"不准禁卫去搜捕射箭者。从那以后，太祖果然也就没事了。

宋太宗知人善用

　　吕端（935—1000），字易直。北宋时期的大臣。北宋幽州安次（今河北省廊坊市安次区）人。其祖吕兖曾在沧州节度使刘守文下做判官。其父吕琦官至后晋兵部侍郎。其兄吕余庆，后晋时，以荫补官。入宋，历知成都府、蔡州。至道元年继吕蒙正为相。咸平元年（998年）以久病免相。咸平三年（1000年），吕端以66岁而病卒，赠司空，谥正惠。

　　善于用人的君主是在大节小节、大事小事之间权衡，抓住根本而不拘小节。宋太宗对吕端的识别和任用即是如此。吕端心有大略，赵普对他的评论是"吕公奏事，得嘉赏未尝喜，遇抑挫未尝惧，亦不形于言，真台辅之器也"。

　　当时吕蒙正为相，宋太宗想用吕端代替他。有人反对，说吕端为人糊涂。太宗坚持说："端小事糊涂，大事不糊涂。"决定提拔吕端为相。

　　一次，宋太宗大宴群臣，席间做钓鱼诗一首，其中一句："欲饵金钩深未达，磻溪须问钓鱼人。"寓意明确要擢用吕端，几天后，

诏令以吕端代吕蒙正为相，并明令"自今中书事必经吕端详酌乃得闻奏"。

不久，西夏李继迁袭扰大宋的西部边境，宋保安军俘虏了李继迁的母亲。宋太宗痛恨李继迁，准备将李母处死，独召当时主管军机的枢密副使寇准商议。议后，寇准出来路过吕端办公的地方。吕端见寇准神态，就知道他入内廷商讨大事，便拉住寇准问："上戒君勿言于端乎？"寇准说没有。

吕端说："有关边界上一般事务我不一定去管；如果关系军国大事，我身为宰相不能不知道。"于是，寇准向吕端讲述事情原委。

吕端问："将如何处置此事？"

寇准说："将在保安军北门外将李母斩首示众，以惩戒李继迁的叛逆！"

吕端说："如果这样处置实在不是好办法。此事请稍缓执行，容我再向皇帝禀奏。"

吕端入见太宗说："当年楚汉相争，项羽捉住刘邦的父亲要挟刘邦。刘邦不以为意，说：'我与你曾结为兄弟，我的父亲也是你的父亲，你要烹杀太公，请分一杯肉羹给我。'可见，这种人是不顾亲情的，何况李继迁这样的背逆之徒。陛下今日杀了他的母亲，明天就能够捉住李继迁吗？如果不能将他擒拿消灭，岂不是更激起他的仇怨，让他死心塌地与太宗作对吗？"

太宗觉得有理，便问应如何处理？

吕端说："照我的想法，应把她安置在延州善待来供养，这样可以牵制李继迁，虽不一定马上引他投诚归顺，但可以牵动其心。况且他母亲的生死在我们手里，还不是进退自如吗？"

宋太宗听后连连称赞，说："太好了，如果不是你，差点误了大事！"当即，便按照吕端的建议，不仅没有杀李母，而是将她供养起来。

后来，李继迁母亲病死在延州，不久李继迁也病死。李继迁的儿子李德明上表归顺了宋朝。

□故事感悟

这个故事说明，把一个人放置在恰当的位置才能使其发挥出应有的潜能。宋太宗重用吕端也是这个道理，值得后人深思。

□史海撷英

审官院

审官院是我国历史上的官署名，始置于宋太宗淳化四年（993年），是宋代主管中下级文官考课及官员备案的机构。

宋太平兴国六年（981年），设"差遣院"负责少卿、监以下考课、注授差遣等事务。宋太宗淳化三年（992年），增设磨勘京朝官院，第二年改称审官院，并将"差遣院"并入审官院，掌考校京朝官殿，分别拟内外任使。设有知审官院两人，以侍御史知杂事以上担任。

熙宁三年（1070年），改称审官东院，同时设立审官西院，负责原由枢密院管理的中高级武臣考课选任。

元丰改制时期，废除审官东、西院，将其权归尚书省吏部。

金承安四年（1199年）至大安二年（1210年），也曾一度设置此院，以掌奏驳任用官员之不当。

宗泽大度擢岳飞

宗泽（1060—1128），字汝霖。浙江义乌人。宋朝著名将领，民族英雄。家境贫寒，进士出身，历任大名府馆陶县县尉，期满后，又先后在浙江龙游、山东胶州及登州掖县县令，勤政爱民，治绩卓著，名声远扬，但得不到朝廷的赏识。宣和元年（1119年），反对朝廷联结女真征契丹，被贬提举鸿庆宫，于是上表引退，拟在东阳山谷中结庐，以读书著述终老。

在杭州西子湖畔栖霞山的岳王庙门上，有一副对联写着："青山有幸埋忠骨，白铁无辜铸佞臣。"岳飞这位名垂青史的英雄，为了抗击金军对宋朝的侵略，在北宋末年即投军。此时，岳飞的才干并未被人们所认识，因此只被命为下级军官秉义郎。

岳飞对朝廷的委曲求全政策极为不满，上书建议以武力收复失地，并严厉地抨击了投降派，为此得罪了当朝权臣。岳飞的言行深得当时任天下兵马副元帅兼东京留守宗泽的赏识，他让岳飞带兵杀敌将功补过。史书上有这样记载："以五百骑授飞，使立功赎罪。岳飞大败金人而还，遂升为统制。"

宗泽很欣赏岳飞的勇敢和才干，但认为他军事素质较差，不懂兵法。宗泽对岳飞说："尔勇智才艺，古良将不能过。然好野战，非万全计。"

岳飞面对曾经救过自己，又提拔欣赏任用自己的前辈和上司时，没有随声附和，而是提出了自己独特的见解。他说："阵而后战，兵法之常，运用之妙，存乎一心。"认为布阵之法，不过是用兵的一般常识，能否运用，全在临阵时因地制宜，相机行事。宗泽对他的独到见解深表赞赏。

但是，宗泽仍然认为，古之兵家吴起、孙子、曹操等人，深有谋略，精心总结，研讨战略战术，兵书传于后世，总是有用处的。

岳飞则以为，古人兵法多有可取之处，但不宜盲目搬用，因为古今不同。古时战争以步兵、战车为主；今日金兵多是骑兵，千里逐鹿，急如风火，既不同于春秋战国，亦不同于东汉三国。因此，用兵之妙，在于随时应变，不拘于古兵法。

宗泽听了岳飞的慷慨陈词，没被岳飞的后生之言激怒，反而更认为岳飞是一个有见识的将才。

岳飞在宗泽麾下屡立战功，很快就被提拔为留守司统制，成为宋将中出身最低、年龄最小的将领。在南宋时，他多次大败金兵，收复了很多失地，战功卓著，成为南宋抗金的重要将领。所率岳家军，使金兵闻风丧胆，官至枢密副使。岳飞能够取得这些成就，与当年宗泽的赏识提拔是分不开的。后来，虽然岳飞因为主和派秦桧的诬陷以"莫须有"的罪名被杀害，但其美名却永留后世。

□故事感悟

岳飞在宗泽的眼中或许并不够完美，但却有了充分的施展才华的空间，并最终留下了百世的美名。

宗泽葬礼

在当时国难之时,宗泽的死对南宋王朝无疑是一个巨大损失。他去世当天,东京人士和百姓无不痛哭流涕,千余名太学生慰问哭奠。有人描述当时情景:宗泽入棺时,士兵们蜂拥而至,吊祭三日不绝,祭奠大厅里摆满了祭品。由此可见,宗泽深得军心民心。大将军李纲在挽诗中写道:"梁摧大厦倾,谁与扶穹窿。"

宗泽墓

宗泽墓位于今江苏省镇江市东郊京岘山北麓。墓周长28.8米,坟直径3.5米、高2米。墓前竖有白云墓碑,墓碑高1.9米,上面刻写"宋宗忠简公讳泽之墓",墓道长90米、宽2.5米,墓道两边绿树密集,整个墓地庄重肃穆。几百年来,宗泽墓经多次修缮大体保持原貌。

岳飞为怀念恩师宗泽的知遇之恩,于茔旁花山湾云台寺创设有"宗忠简公功德院",即现在所称的纪念堂,以祠祀宗泽。

康熙帝宽容用靳辅

靳辅（1633—1692），字紫垣。清康熙时治河名臣。辽阳人。隶汉军镶黄旗。著有《靳文襄公奏疏》《治河方略》。

清朝初年，河患频繁。黄河在江苏淮阴附近与淮河、运河交汇，这一带经常泛滥。仅康熙元年（1662年）至十六年（1677年），黄河大的决口就有六十余次，不仅使河南、苏北广大地区深受水患之苦，而且严重影响漕运。

当时有人提出："国家之大事在漕，漕运之务在河。"

康熙帝亲政之后，即把治河作为自己要完成的三大任务之一。他很清楚，治河不比一般的工程，需要有一位懂得治水又能实心任事的人来主持。清初曾五易河督而未得其人，因而治河毫无成效。

为了不再重蹈覆辙，康熙帝决心使第六任河道总督真正担起治河重任。于是，靳辅便成了他的第一人选。

靳辅原任安徽巡抚。他在安徽任上即注意农田水利，曾"疏请行沟田法""涝则泄水，旱以灌田"，并针对黄河年久失修问题多次上疏，阐明自己的治河主张。康熙帝对他的工作十分满意，"奖辅实心任事"。

因此，在五易河督而不得其人的情况下，遂决定起用靳辅。然而，朝廷中有不少人反对，康熙帝便"排群议而用之"，于康熙十六年三月提拔了他。

当时，人们对黄河水患大有"谈虎色变"之感，群臣对于河道总督也视为畏途。靳辅受命之后，果然不负康熙帝之厚望，他"不惮胼胝，不辞艰巨，不恤恩怨"，全力以赴地投身于治河工作之中。

经过数月艰苦细致的实地考察，他制定了包括八项内容的治河方案。不料，这一方案却在廷议时被议政大臣们以经费紧张及用人过多为由请暂缓实行。

这时，康熙帝虽然已被靳辅的治河方案所打动，但并未简单地下令支持他，而是很策略地说："河道关系重大，应否缓修，并会议各本内事情，著总河靳辅再行确议具奏。"不仅表现了他对治河工作的慎重，同时也表达了对靳辅的充分信任和支持。

靳辅深知康熙帝的用意，于是再次对黄、淮、运各重要工程进行周密的考察，最后终于用无以辩驳的证据、令人信服的道理征服了群臣，通过了他的治河方案。

在施工过程中，靳辅又亲临第一线昼夜指挥，即使有时身体不佳，"颜色憔悴"，也坚持在治河工地。几年之后，治河便取得了显著效果。

治理黄河绝非一劳永逸之事，康熙帝也深知治河之艰难，因此，他不时召集有关的治河大臣进行御前会议，命令他们各抒己见。后来，在御前会议上发生了直隶巡抚于成龙与靳辅之间的争论和矛盾。

于成龙也是一位治河专家，但他与靳辅的意见不一致。靳辅力主在高家堰修重堤，反对在下流开海口；于成龙则反对筑重堤而主开海口。

二人在御前争辩，各持己见，寸步不让，后来竟发展为互相攻击。于成龙攻击靳辅"事事贪黩""罪不胜诛"，又说他于上游放水，淹没下游，"江南百姓欲食伊之肉"。靳辅则说于成龙"妄自尊大""因羞成怒，恨臣刺骨"，其所说"皆诬陷之言也"。

康熙帝虽然认为二人在御前互相诋诉，殊失大臣之体，但是，让他们畅所欲言是他允许的，而且因为二人都是干练大员，并不因言废人。

于成龙说靳辅"事事贪黩"，康熙帝曾问靳辅僚属中何人最清廉。

靳辅坦率地回答："'清廉'二字，人所难能。臣起家寒微，蒙皇上畀以总督河务之职。河工浩繁，员役众多，其中赏赉激劝，使之奔走，不无费用。即臣衣食所资，亦皆仰托皇恩，举家温饱。若古人一介不取，一介不与，远愧不能。臣自揣如此，何敢保其僚属清廉，以欺圣明。"他直言不讳地承认自己并不清廉，僚属更是如此。

康熙帝并不深责，说："此语正见汝之不欺尔！"于是一笑置之，仍旧依靠重用，以发挥其特长。

靳辅治河十余载，呕心沥血，不辞劳苦，终于大见成效，"黄淮悉复其故，运道大通"。

靳辅说于成龙"妄自尊大"，康熙帝也深知其人争强好胜。但于成龙毕竟办事有魄力，而且任直隶巡抚政绩颇优。因此，康熙三十一年（1692年），靳辅死后，康熙帝便命于成龙继任河道总督。

于成龙上任后，依旧按照靳辅所规划的方案治理黄河。康熙帝问他："尔尝短靳辅，谓减水坝不宜开，今果何如？"

于成龙回答："臣彼时妄言，今亦视辅而行。"

当时，廷臣认为"成龙怀私妄奏，当夺官"。

但是，康熙帝考虑，于成龙既已承认错误，又有能力，便命留任，并且照旧信任。这使于成龙非常感动，遂实心任事，并为治河做出了贡献。

康熙三十九年（1700年），于成龙病故。这一年，黄、淮两河泛溢，

"南北阻绝，运道难通"，形势十分严峻，康熙帝又任命张鹏翮为河道总督。

早在于成龙在任时，康熙帝便询问"诸臣中谁可继者，众以公（指张鹏翮）应"。可见，康熙帝对河道总督的人选早就做了考察与安排。

张鹏翮上任后，采用逢弯取直之法治理黄河，取得了明显效果。康熙四十七年（1708年）秋汛时，黄、淮两河安然无恙，自靳辅以来几十年的治河效果在实践中获得了检验。康熙帝十分欣喜，称"两河安晏，堤岸无虞，深为可嘉"。

康熙时期对黄河的治理取得了很大成绩，并在古代治河史上留下了光辉的一页。无疑，这与治河专家靳辅、于成龙、张鹏翮等人的努力是分不开的。而康熙帝的识人用人之明，能够不计较他们的过失而充分发挥他们的特长，给他们以施展才能的机会，也是至关重要的。

■ 故事感悟

无论何时，人才总是一个国家、一个集体谋求发展的必备"法宝"。康熙深知靳辅、于成龙能力不凡，因此命其为朝廷效力。事实也证明了是康熙的慧眼成就了治理黄河的大业。康熙慧眼识人才的精神令人佩服，其明智的抉择更值得后人借鉴。

■ 文苑拾萃

《治河方略》

《治河方略》是继明代潘季驯所著《河防一览》之后，又一部研究治黄的重要文献，是清代治黄水利著作，成书于清康熙二十八年（1689年）。书原名为《治河书》，由清初靳辅（1633—1692年）编著，崔应阶改编时改现名。

康熙十六年(1677年)，靳辅任黄河河道总督时，由于黄河淮河交敝、漕运梗阻。他经过10多年的治理，使黄、淮故道相继修复，漕运大通，他的治河业绩卓著。

康熙二十年(1681年)冬，康熙帝南巡阅工时，表扬其治河有功，曾面谕靳辅道："河道告成之日，纂述治河书，以垂永久。"于是，靳辅开始撰写，于康熙二十八年（1689年）完成《治河书》。

书中记述了黄河、淮河及运河干支水系概况，黄河的演变、治理和历代治黄议论等，并着重阐述了17世纪苏北地区黄、淮、运河决口泛滥和治理经过。书内还附有靳辅治河的助手陈潢的著作《河防述言》十二篇。

康熙帝信任施琅

施琅（1621—1696），字尊侯，号琢公。福建晋江龙湖衙口村人，祖籍河南固始县。明末清初军事家，明郑降清将领，封靖海侯，谥襄庄，赠太子少傅。其子施世纶，曾任漕运总督，次子施世骠，领清军来台平定朱一贵。

康熙二十二年（1683年），清军水师乘风破浪，一举攻克澎湖，随即进取台湾，迫使郑克爽投降，一直与中央政府分庭抗礼的"台湾"至此又重新统一于清朝政府的管辖之下。指挥这次重要战役的，就是降清的郑芝龙部将施琅。而慧眼识英雄，大胆任用施琅的，正是清朝著名的康熙皇帝。

当时，在众多大臣反对的情况下，康熙皇帝敢于任用郑氏降将确实需要些胆略和气魄。康熙帝的这一果断决策，正是建立在善于察贤辨才，并真正了解施琅的基础上决定的。

施琅原是明朝总兵郑芝龙的部将。顺治三年（1646年），郑芝龙降清，施琅亦从降。十三年（1656年）升副将，十六年（1659年）升总兵，康熙元年（1662年）迁水师提督。

施琅归降之后，一直忠心耿耿，为清朝的统一大业奋力拼杀。但是，当时朝廷内掌权的满、汉官员都看不起他，特别是康熙初年掌权的鳌拜集团更不肯重用他。

康熙初年，郑成功之子郑锦据守台湾，并欲攻福建。施琅调兵遣将，出海截击，大败之。康熙七年（1668年），鉴于郑锦已势单力薄，施琅密奏朝廷，"宜急攻之"。

刚刚亲政一年的康熙皇帝览奏之后，立即召施琅入京，并亲询方略。施琅言："贼兵不满数万，战船不过数百，锦智勇俱无。若先取澎湖以扼其吭，贼势立绌；倘复负固，则重师泊台湾港口，而别以奇兵袭南路打狗港及北路文港海翁堀。贼分则力薄，合则势蹙，台湾计日可平。"

时年15岁的少年天子康熙皇帝虽然第一次与施琅当面交谈，但施琅的谋略与能力却深深地打动了他的心。他很赞赏施琅收复台湾的计划，遂下部议。

由于康熙帝刚刚亲政，朝廷大权仍掌握在以鳌拜为首的保守势力手中，而这些人一贯反对施琅。因此，他们以"海洋险远，风涛莫测，长驱制胜，难计万全"为由，将施琅的建议搁置下来，并裁其水师提督，改授内大臣，调回京师。

不久，康熙帝计擒鳌拜，真正掌握了大权。由于三藩事起，祖国统一之事便暂时放下，但他心中时刻不忘。康熙二十年（1681年），三藩平定，康熙帝再次提出祖国统一问题，并询问群臣意见，结果群臣"咸谓海波不测，难以制胜"，反对进取台湾。

这时，内阁学士李光地、福建总督姚启圣都认为台湾可取，并推荐施琅担当此任。康熙皇帝想起十几年前的往事，也认为"壮猷硕画，无出公（指施琅）右者"。于是，再次召施琅入宫，并"宴内廷，谙进

讨事"。

由于施琅"治军严整，通阵法，尤善水战，谙海中风候"，他向康熙皇帝详细谈了如何训练水师、如何利用风向变化等具体方略。康熙帝听后十分满意，决定再次任其为福建水师提督，即赴前线，操练水师，待机进取台湾。

这时，有人提出，施琅既已调京多年，不宜再派往福建。康熙帝不予理睬，当机立断，晋施琅为太子少保，兼福建水师提督。施琅临行之时，康熙皇帝还特意"临轩劳之"，并勉励他说："平海之议，惟汝予同，其努力无替。"

施琅受知遇之恩，果然不负康熙帝的厚望，他积极训练水师，做好了大战前的一切准备工作，终于在康熙二十二年攻克澎湖，迫使郑克爽投降，使祖国统一大业顺利完成。

清军在攻占台湾后，对台湾的处理问题又出现了分歧。有人荒谬地提出，"宜迁其人，弃其地"。李光地甚至提出"招来红毛，畀以其地"，将祖国领土台湾奉送给西方殖民主义者。

施琅则坚决反对放弃台湾，力主台湾不可弃，奏请设官兵镇守。他认为"弃之必酿成大祸，留之诚永固边圉"。

康熙皇帝坚决支持施琅的主张，指出："台湾弃取，所关甚大""弃而不守，尤为不可"。于是，他遵照施琅的意见，在台湾设一府三县，并设一总兵，驻兵八千。至此，台湾的行政建置完全与内地划一。

此后，在镇守台湾的问题上，康熙帝仍十分信任施琅。康熙二十七年（1688年），年近七旬的施琅以年老多病、行动不便请求解任，康熙帝对他说："吾用汝心，不在乎手足矣。"充分说明了康熙帝对施琅的了解与信任。

康熙以敏锐的观察力发现了施琅这个人才，而且力排众议大胆任用，这正是他在用人问题上的成功之举。这不仅是识人惜才之道，也是收心之术，充分地展现了一个明君的魄力。

■史海撷英

清平定准噶尔叛乱

清朝时期，清军平定准噶尔贵族的叛乱，是一次维护国家统一、反民族分裂的正义战争。

该战争起于1690年，终结于1757年，历时67年，最终平息了叛乱。

清朝对该战争的胜利，不仅维护了中国领土的统一，而且极大地打击了沙皇俄国对中国国土的野心，对以后挫败西方利用民族败类分裂中国的阴谋，捍卫西北边疆产生了积极的影响。

第二篇
智慧辨是非

年幼皇帝智辨假信

汉昭帝（公元前94—前74），名刘弗陵，西汉第八位皇帝（公元前87—前74年在位），汉武帝幼子，母亲钩弋夫人，谥号孝昭皇帝。刘弗陵继位时年仅8岁，遵照武帝遗诏，由霍光辅政，在位13年，病死，终年21岁。葬于平陵（今陕西省咸阳市西北13里处）。年号有始元、元凤和元平。

汉昭帝刘弗陵即位时只有8岁，根据汉武帝的遗诏，由大将军霍光辅政，主持国家大事。

霍光是汉武帝手下的一员谋臣，为人沉静详审，资性端正，深受武帝信任。

霍光不负武帝重托，处处敬重小皇帝，遇事竭尽全力，为幼帝出谋划策，一向勤勤恳恳，兢兢业业，把国家治理得井然有序，人民安居乐业。小皇帝和众大臣非常尊敬和信赖他。

武帝的另一个儿子，刘弗陵的哥哥燕王刘旦，很早就垂涎父亲的皇位，不料父亲竟传位给只有8岁的弟弟弗陵，他万分恼恨和嫉妒，信誓旦旦地要从弟弟手中夺回皇位，自己做皇帝。为了了解京城的一切情

形，远在千里之外的他以重金收买了大将军霍光的儿女亲家上官桀，希望他为自己探听刘弗陵的行动，并帮他拉拢大臣，培植势力。

无奈当时政通人和，天下繁荣，了解情况的刘旦更加有些迫不及待了，他决定先除霍光，折断刘弗陵的臂膀，然后再推翻他。

接到密令的上官桀，马上派人监视霍光的行动，随时准备除去这眼中钉。

霍光深知责任重大，处处小心谨慎，不授人以柄，上官桀等人虽挖空心思，还是无计可施。

转眼间六年过去了，刘弗陵已经14岁了。

有一天，霍光检阅完守卫都城的羽林军，把一位军官叫到家中，一起商讨军中布防及日常事务。

上官桀闻知此事，认为有机可乘，绞尽脑汁地想了一条自以为万无一失的歹毒计谋：他让人假冒刘旦的名字，给刘弗陵写了一封长信，告发霍光谋反，还亲自把信送到皇帝手中。他心中得意极了，心想：霍光，你死定了。等将来赶走刘弗陵，我上官桀便是一人之下、万人之上了……

第二天早朝，昭帝命太监宣读那封告发信："大将军霍光，手握军队大权，轻视皇帝，平时独断专行，他的马车和饭菜都和皇上的一模一样，还私自把守卫京城的羽林军官叫到家中，密谋造反，推翻朝廷……"

听着这些耸人听闻的言辞，文武百官非常震惊，有些人用怀疑的眼光打量着霍光。霍光也觉得毛骨悚然：自己为了防卫京城的事把军官请到家中，想不到皇上的哥哥刘旦却偏偏告发自己谋反，真是有口难辩，跳进黄河也洗不清了！想到这里，霍光连忙摘掉帽子，跪在殿中，叩头谢罪："皇上明察，臣霍光有罪，请您发落……"

"大胆霍光，竟然辜负先皇嘱托，阴谋造反，真是罪该万死。"上官桀见缝插针，企图推波助澜，浑水摸鱼。

小皇帝刘弗陵不理会上官桀的阴风鬼火，径直走到霍光面前，为他戴正帽子，双手扶起，和颜悦色地说："大将军请起，我知道您是无罪的。"

霍光疑虑重重地站起来，望着微笑的小皇帝。众大臣更是莫名其妙，上官桀吓得脸色苍白。

只见昭帝慢条斯理地走回座位，不紧不慢地说："告发信用了燕王刘旦的名字，说得也头头是道，有理有据，但却是假的。"

刘弗陵看了一眼惊慌失措的上官桀，严厉地说："大将军找军官谈话，只是昨天的事情，远在千里之外的燕王怎么会知道呢？分明是有人假借刘旦之口诬陷大将军。来人，把假信的事给我查清楚！"

大臣们为小皇帝一语道破阴谋而欢欣鼓舞，山呼万岁。上官桀自知难逃罪责，慌忙跪地求饶。

■故事感悟

正确的判断必须来自对事物深入细致的分析和观察。刘弗陵年龄虽小，却能明察秋毫，透过现象看本质，一语中的，智揭阴谋，从而扼杀了居心叵测者的诡计。

■史海撷英

领尚书事

领尚书事是指大臣兼管尚书之意，始于汉代。汉代称兼管他官而不兼其职者为领。

汉昭帝时，由于君主年幼，霍光代行天子之事，以领尚书事的名义控制着尚书，汉代领尚书事制度由此开始。此后，凡是当权的重臣都按照此例而领尚书事。领尚书事之称，用来加给将相等秉政大臣。

从汉武帝开始，尚书成为直属于皇帝的枢机之职。东汉章帝开始，才有大臣兼管尚书事的记载，但只称为录尚书事，"录"有参与决事的意思，与"领"相似。录尚书事者多为太尉或太傅，或由两者并录。

东汉晚期，除太尉外，司徒、司空也可为录尚书事。东汉时专权的外戚常占居将军之位，一般不录尚书事，而录尚书事者则为实权较轻的三公，这是东汉与西汉的不同之处。

□ 文苑拾萃

淋池歌

（汉）汉昭帝

秋素锦兮泛洪波，挥纤手兮折芰荷。
凉风凄凄扬棹歌，云光曙开月低河。

汉武帝托贤臣辅政

汉武帝刘彻（公元前156—前87），西汉第七位皇帝，汉景帝刘启子、汉文帝刘恒孙、汉高祖刘邦曾孙，其母是皇后王氏。刘彻4岁被封为胶东王，7岁时被册立为太子，16岁登基，在位54年。在位时期，汉朝盛极，称汉武盛世，然而史学家亦常批评他过分迷信及暴虐。曾用年号：建元、元光、元朔、元狩、元鼎、元封、太初、天汉、太始、征和、后元。谥号"孝武"，后葬于茂陵。

汉高祖和汉武帝都是历史上奋发有为、雄才大略的皇帝，且都以善于用人著称。他们招纳英才，不但创建了西汉王朝，形成了封建盛世，而且在临终时顾托得人，维持了自己身后汉家天下的稳定。

汉武帝统治时期，社会经济有了显著发展，如果不遭受水旱之灾的危害，农民大体上可以勉强维持自给自足的生活。但是，由于武帝内兴功利、外事四夷，在完成文治武功伟业的同时，也耗尽了文、景以来的府库积蓄，加重了农民的负担。贫困破产的农民，多数沦为地主豪强的佃客和佣工，受到残酷的剥削。

因此，至汉武帝晚年，阶级矛盾和统治阶级内部的矛盾都达到了空

前尖锐的地步。正像司马光所说的："孝武穷奢极欲，繁刑重敛，内侈宫室，外事四夷，信惑神怪，巡游无度，使百姓疲敝，起为盗贼，其所以异于秦始皇者无几矣。"

然而，为什么武帝有亡秦之失却避免了亡秦之祸呢？司马光举出的原因有两条：一条是"晚而改过"，另一条是"顾托得人"。汉武帝依靠人才，造就了封建盛世，同样也避免了汉家王朝的危亡。

由于社会动乱迹象的频现，武帝打算在施政上有所转变，他寄希望于"仁恕温谨"的"守文之主"卫太子（即戾太子），认为太子敦重好静，必能安定天下。但是，统治集团错综复杂的内部矛盾却打乱了他的计划和部署。

征和二年（公元前91年），绣衣使者江充以"穷治宫中巫蛊"的名义逼迫卫太子，结果激成兵变，卫太子兵败自杀，这才导致皇位继承人出现了空缺。当时，燕王刘旦、广陵王刘胥多过失，武帝打算立宠姬钩弋夫人的儿子刘弗陵。但刘弗陵年仅五六岁，一旦继位，必须由大臣辅佐，于是武帝将这一重任托付给霍光、金日磾等人。

霍光是抗击匈奴名将霍去病的异母弟。十余岁时，因霍去病的关系得任为郎，迁诸曹、侍中。霍去病死后，他升为奉东都尉、光禄大夫，供奉内廷二十余年，资性端正，持重谨慎。武帝认为"可属社稷"，于是让黄门画了一幅周公负成王朝诸侯的图画赐给霍光。

后元二年（公元前87年）春，武帝病危，霍光流着泪问道："如有不讳，谁当嗣者？"

武帝要霍光体察周公负成王朝诸侯的画意，"立少子，君行周公事"。随即任命霍光为大司马大将军，金日磾为车骑将军，太仆上官桀为左将军，搜粟都尉桑弘羊为御史大夫，组成了以霍光为首，包括丞相田千秋的辅臣班子。

昭帝即位后不久，金日磾病死，霍光与田千秋坚持执行武帝末年"与民休息"的政策，从而稳定了武帝后期以后动荡不定的封建王朝统治。

从政者只有懂得人才的重要性，才能力挽狂澜，稳定国家的政局，继而使之逐步走向正轨，反之则亡国殃民。汉武帝深刻地认识到了这一点，在纷乱的现实面前做出了正确的抉择，从而稳定了动荡不安的汉朝统治。

察举制

察举制是我国古代选拔官吏的一种制度，该制度始置于汉武帝元光元年（公元前134年）。

察举是一种自下而上推选人才的制度，也叫"选举"。当年，汉高祖刘邦下求贤诏，要求郡国推荐具有治国才能的贤士，可以说是察举制的雏形。到惠帝、吕后（前194—前180年）下诏举"孝弟力田"，察举制度开始有了科目。文帝开始，要求"举贤良方正能直言极谏者"，并且定下了"对策"（考试）和等级。到武帝时，察举制达到完备，各种规定相继推出。其后，各科目不断充实，也有了统一的选才标准和考试办法。

察举制的主要特点是由地方长官在辖区内随时考察、选取人才，并推荐给上级或中央，经过试用考核再任命官职。

考试是汉代察举制的重要环节。被举者经考试，由政府量才录用，这样既保证了选才标准能贯彻实行，也保证竞争的相对公平，使下层人士有

机会通过考试而进入国家管理层。随着考试制度的不断发展和完善，到隋、唐以后，发展成"科举制度"，这一制度实行了1300年之久，成为中国封建社会时期重要的选官制度。

□ 文苑拾萃

秋风辞

（汉）刘彻

秋风起兮白云飞，草木黄落兮雁南归。
兰有秀兮菊有芳，怀佳人兮不能忘。
泛楼船兮济汾河，横中流兮扬素波。
箫鼓鸣兮发棹歌，欢乐极兮哀情多，
少壮几时兮奈老何！

郑板桥"审石"看真假

郑板桥（1693—1766），字克柔，号板桥，又号理庵。江苏兴化大垛人，祖籍苏州。清朝官员、学者、书法家。

郑板桥到潍县的第五天，坐轿出门办事，办完事回来时，轿子到衙门前却不走了。郑板桥掀开帘子一看，见街两边吵吵嚷嚷地过来一帮人，他心想：肯定是这里的乡绅想给我来个下马威，我倒要看看他们能把我怎么样？

郑板桥正想着，忽听"叭"的一声，接着是一个男人的嚎叫和恶言浊语的斥骂。原来，卖稀粥的徐老汉的粥罐砸在青石上摔得粉碎，粥淌了一地，还溅到了徐老汉身上。只见一个满脸麻子的人一把揪住徐老汉，财主地痞们也趁机大吵大闹起来。霎时，县衙门前一片骚乱。

这时，郑板桥不慌不忙地从轿子里走出来，问道："你们不各行其是，聚在府前大吵大闹的是何道理啊？"

话音刚落，麻子揪着徐老汉的前襟答道："禀告老爷，您上任四五天了，小的们都没得空拜望，今日特来府前迎候。偏这老儿目无老爷，

故意扰乱。"

"老爷恩典。"徐老汉颤颤巍巍地说,"实在不是小的故意扰乱。今日不知是谁将我绊倒路旁,就砸了粥罐。小人冤枉,请老爷替小人做主。"

郑板桥看徐老汉觉得实在可怜。他扫了众人一眼刚要开口,一个胖财主向郑板桥作揖说:"小人看得分明,这老汉的确是被绊倒的。老爷身为父母官,实在该给百姓做主。"

郑板桥打量了他一眼,问道:"既然你看得分明,是哪个做的这缺德之事?但说无妨。"

胖财主装模作样地说:"禀告老爷,不是别人,正是这七角八棱的大青石!请老爷明断!"胖财主话音一落,旁人也七嘴八舌地附和上了。

郑板桥已猜出他们的用心,他郑重其事地说:"既然各位都说大青石是罪魁祸首,而且还都当面作证,那我们就一起回公堂吧!"说完让衙役将大青石抬进大堂上。

郑板桥端坐堂上,手指青石问道:"好个可恶的石头,你为何无端寻事,将老汉的粥罐砸破?给我如实招来!"

堂下鸦雀无声,郑板桥"啪"地一拍惊堂木:"来人!给我打它四十大板!"

衙役们遵命,一五一十地数着数儿打起了青石板。观看的豪富财主、地痞流氓们见了,挤眉弄眼偷偷发笑。

郑板桥瞟了他们一眼,突然大声喝道:"你们是上堂当证人的,不好好听老爷审案,乱笑什么?"

堂下乱纷纷地答道:"笑老爷执法如山,赏罚分明。可惜,这块哑巴石头就是问上三年,怕也逼不出一句话呀!"

郑板桥问："那么，石头可会走动？"

有人答："天生的死物，无嘴无腿。"

"住口！"郑板桥忽然又把惊堂木一拍，忽地站起来喝道，"它一不会说话，二不能走动，怎么能欺负这卖粥老汉，成了砸碎粥罐的罪魁祸首呢？这分明是你等存心不良，嫁祸于人，欺骗本官。"随即命令左右衙役："给他们每人杖责四十大棍，赶出堂去！"

这下可把那些地痞流氓吓坏了，纷纷表示要交钱赎刑。郑板桥让衙役拿来一个大筐箩，不一会儿，筐箩里就盛满了铜钱，郑板桥把装有铜钱的筐箩送给了徐老汉。

从此以后，潍县的豪富财主、地痞流氓再也不敢出坏主意算计郑板桥了。

◼故事感悟

明知是计，郑板桥并没有直接予以戳穿，而是将计就计，最终使其不良用心昭然若揭，从而起到了杀一儆百的效果。

◼史海撷英

郑板桥的姻缘

虽然郑板桥身为一代才子，文采盖世，可惜穷困潦倒。一日，他走到一家人门前，察觉到门前的对联竟是自己的诗作，十分好奇，于是禁不住向户主饶夫人问个究竟，饶夫人说自己女儿极爱郑板桥的作品，他忙道自己正是郑板桥，饶夫人马上把女儿五娘叫出来，并且把她许配给郑板桥。郑板桥后来高中进士，大小登科一道儿至，夫妇二人也恩爱一生。

念奴娇·石头城

（清）郑板桥

悬岩千尺，借欧刀吴斧，削成城郭。
千里金城回不尽，万里洪涛喷薄。
王浚楼船，旌麾直指，风利何曾泊。
船头列炬，等闲烧断铁索。
而今春去秋来，一江烟雨，万点征鸿掠。
叫尽六朝兴废事，叫断孝陵殿阁。
山色苍凉，江流悍急，潮打空城脚。
数声渔笛，芦花风起作作。

胡鉴"并纸"断案

胡鉴（生卒年不详），曾任清代福建政和县县令。

清朝时期，福建政和县县令胡鉴上任不久，便受理了一桩疑难案子。此案的起因是当地富户孙天豪告破落户子弟沈小观欠他400两银子不还，而沈小观却死不认账。

胡知县将原告、被告传上堂来，可是双方各执一词，也问不出个子丑寅卯来。孙天豪见状，忙出示两张借约作为依据，而沈小观却大喊那借约是伪证。胡知县也无法在那么短的时间里查出隐情，只好暂且退堂。

胡知县郁郁寡欢地回到房中，仆人几次叫他吃饭，他都没动。到了掌灯时分，他滴水未进，独自对着桌上那两张借约发愣。忽然，一不小心他竟碰撞了蜡烛盘，一滴蜡烛油正巧落在两张并放的借约中间。

胡知县忙把两张纸拿开，只见边沿已留下了一小块半圆形蜡烛油，颜色玉红。胡知县随手把两张借约沿边的蜡烛油再并拢来，又合成一个圆形，在烛光前一照，胡知县不禁惊诧万分，只见那烛油的形状就如一轮旭日升于群山云雾之中。

原来，这种纸是贡川纸，纸纹粗细不均，光线一照，就有如天然风景画一般。胡知县竟高兴地欣赏起纸纹来：竖着看就像山脉层层，横着看又似波涛汹涌。

看着看着，他突然拍案道："破了！"原来，他发现并着的两张纸竟然纹路齐整，看其走势乃是一纸所裁。

第二天清晨，胡知县升堂，孙天豪、沈小观均被传到。胡知县厉声对孙天豪道："你乃本地名绅，为什么要伪造借约诬陷好人？还不从实招来？"

孙天豪不服，说道："冤枉啊，大人断我伪造借约，这是从何说起？还请大人明察。"

胡知县冷冷一笑道："我看你是不见棺材不落泪，我已点明，你还不服？我且问你，这两张借约可是两次立的？"

"是。沈小观去年一月份借银200两，四月份借银200两。两张借约，分别立于一月和四月。"

胡知县见他仍执迷不悟，拍案怒道："不对，本官已断这两张借约是同时所写。"

孙天豪大惊道："大人，这可不是随口乱说的，决断的凭据何在？"

"你问凭据？这借约便是。"胡知县立即命人点上一支蜡烛，手举借约道："两纸相并，纸纹完全吻合，这分明是一张纸裁开的，而且是同时写成。试问，难道你孙家一月份裁半张纸写借约，到四月份再寻找另半张纸写借约吗？"

孙天豪听罢顿时目瞪口呆，大汗淋漓，只得低头认罪。原来孙家祖辈落难之际，有一柄传家宝扇存于沈小观先祖当初开设的当铺之中，时隔几代无人再过问此事。去年有一个与沈家有旧怨的食客投奔孙家，便无中生有说宝扇现在沈小观之手，并出此计要挟沈小观，借约也是由这个人一手炮制。他们原以为自己的所作所为天衣无缝，不想竟被胡知县识破，最后落了个被处罚判罪的下场。

■故事感悟

什么事情都怕"认真"二字。在某些时候，要分辨是与非时难免会遇到屏障，关键就是要抓住重点，继而令所有的问题迎刃而解。胡鉴为人们做出了表率。

■文苑拾萃

当 铺

当铺是收取动产作为抵押，向对方放债的机构。旧时，当铺称为质库、解库、典铺，也称质押，又有以小本钱临时经营的称"小押"。

当铺多由私人独资或合伙经营。而当户大多是贫苦百姓。当价一般不超过原价的一半。赎当时则必须付利息。而期满不赎的东西，便由当铺自行处理，可以变卖。

新中国成立后取消了当铺。但改革开放近三十年以来，有些地方恢复了当铺，但其性质和办法与旧时有所不同。

王维智辨瓜主

王维（701—761），字摩诘，人称诗佛。祖籍山西祁县，其父迁居于蒲州（今山西永济市），遂为河东人，唐诗人、画家。王维精通佛学。佛教有一部《维摩诘经》，是维摩诘菩萨讲学的书。王维很钦佩维摩诘，所以自己名为"维"，字"摩诘"。

王维小时候发生过一件事：东邻一位孤独老人种了半亩甜瓜。甜瓜个大味美，很远就能闻到甜瓜的香气。一天，老人的瓜被偷了许多，使他伤心落泪。王维走过来说："贼偷了瓜一定要到集市上去卖，你快去集上找一找！"

老人赶到集上，果然在王麻子的瓜摊上认出了自己的甜瓜。

王麻子死不认账，硬说这瓜是刘二狗的。两人争吵起来，惊动了路过的县官。

县官上前查问，但老人拿不出证据，县官认为他在无理取闹，便命差役把老人赶走。

王维一直蹲在王麻子的瓜摊前。他想，瓜熟蒂落，瓜是老人的，瓜蒂就应该留在老人的瓜蔓上。如果能把地里的瓜蒂拿来，不就是真凭实据吗？

于是，他先跑到刘二狗家的瓜地，一看甜瓜还没熟！再到老人的地里查找，瓜蔓上果然留着许多瓜蒂。王维把瓜蒂摘下来装进口袋，迅速赶回到集市。

这时，老人正跪在县官面前喊冤，王维掏出口袋里的瓜蒂和"瓜屁股"对起茬来。不一会儿，全对上了。

县官问明情况后勃然大怒，命人把王麻子押来。王麻子吓得哆哆嗦嗦，在事实面前老老实实地招认是他偷了老人的甜瓜。

■故事感悟

物品的归属在一定程度上很难更改，当两人出现归属权问题的冲突时，可以寻找证据。很多时候，是非不能在短时间内判定，因此，证据在这时便显得尤为重要。王维智辨瓜主就是一个合理取证、明辨是非的例子，值得学习。

■史海撷英

尚书右丞

尚书右丞是我国古代官名。始于汉成帝建始四年（公元前29年），时置尚书五人，丞四人。光武帝时，削减二人，并开始分左、右丞，为尚书令及仆射的属官。

尚书左丞职责为辅佐尚书令，总领纲纪；尚书右丞职责辅佐仆射，掌钱谷等事。

随着事务的增多，尚书左、右丞的品级逐渐提高，至隋、唐时以为正四品。

宋、辽、金几朝也设置此职。金代正二品，与参知政事同为执政官，为宰相佐贰。元代以中书省总政和，在中书省设右丞、左丞，官级为正二品。

明初置"左右丞"，先左后右。明洪武十三年（1380年），朱元璋废中书省时罢该设置。

新科状元离官场

秦大成（1720—1779），字澄叙，号簪园。江南嘉定（今上海嘉定）人。清乾隆二十八年（1763年）考中状元，授职翰林院修撰、掌修国史。不久后，请长假回乡侍养老母。乾隆四十三年（1778年），复任充会试同考官。后再次告假回乡，卒于家中。死前留言："吾所受之先人者，即此传于子孙而已。"

清乾隆二十八年，穷书生秦大成中了状元，以为从此可以为国效力、为民请命，非常高兴。

几天后，乾隆皇帝宣秦大成进宫赐宴。酒过三巡，乾隆皇帝让太监拿来一捆东西，问秦大成："听说秦爱卿老家嘉定，竹刻和竹器很有名。这些东西，不知嘉定俗称什么？"

秦大成见是篾青、篾黄，觉得很奇怪，皇帝怎么拿这极其普通的东西来考一个状元呢？他仔细一想，立即醒悟过来，清朝大兴"文字狱"，"篾青、篾黄"的谐音就是"灭清、灭皇"，乾隆是在试自己忠不忠呀！

秦大成想到这里，心里一震，连忙答道："陛下，这些是竹皮、竹肉呀！"

乾隆赞许地点点头，接着又问："你的姓跟秦桧的姓是同一个字吗？"秦大成心里不是滋味，强作笑颜回答说："《百家姓》只有一个'秦'字。秦桧那时，昏君坐朝；如今大清，贤君当道。一朝天子一朝臣，此一时，彼一时，君非昔日之君，臣非昔日之臣呀！"乾隆无隙可乘，样子有点难堪。

夜里，秦大成无法入睡，他清楚地意识到伴君如伴虎，便决定什么官也不当，后来便回乡隐居去了。

■故事感悟

"伴君如伴虎"，此言不假，在封建时代里，这句话一再被血淋淋的事实验证。秦大成基于这样的现实，远离了官场，远离了是非之地。常言道，"识时务者为俊杰"，因此，分清现实局势也成了一种立身处世的必修课。

■史海撷英

会 试

会试是金、元、明、清四代科举考试名目之一。会试由礼部主持，在京师举行考试。

金代，凡府试中选者均可参加会试。泰和二年（1202年）定，策论三人取一，词赋经义五人取一。

元代，乡试取300人，三分之一可参与会试，其中蒙古、色目、汉人、南人各占四分之一。考试内容方面，重经义而轻诗赋。

明、清各省乡试中榜的举人，于次年二月（清乾隆以后改在三月）入京参加由礼部主持的考试。同时，以往各届会试中未中的举人与国子监的监生，也可一同应试。由于考试一般在春天举行，因此又称春试或春闱。若乡试有恩科，则次年也举行会试，称会试恩科。

王之涣审狗断奇案

王之涣（688—742），字季凌。并州（山西太原）人，是盛唐时期著名诗人，以《登鹳雀楼》脍炙人口而称著。曾任冀州衡水主簿，后因被人诬谤，便拂衣去官。后复出担任文安县尉，在任内期间去世。他的诗今仅存六首，以《登鹳雀楼》《凉州词》为代表作。

唐代著名诗人王之涣，在文安县做官时，曾经受理过一个离奇的案子。

有一天，王之涣正在衙门坐堂办理公事，忽然眼前一片嘈杂，抬眼一看，原来是两个皂隶领了个30多岁的民妇走上前来。只见这位民妇走到堂前，双膝跪倒。

王之涣大声问道："堂下所跪何人，你有什么冤屈啊？"

这位民妇大声地哭诉道："民妇叫王月娥，因为公婆去世早，丈夫又长年在外经商，家中只有我和小姑相伴生活。昨天晚上，我去邻居家推碾磨米，小姑在家缝补。我磨米回来刚走进门里，忽听得小姑大喊救命。我怕小姑出现什么意外，急急忙忙往屋里跑，没想到在屋门口撞上个男人，于是我便和他厮打起来，抓了他几下，但我终究不是他的对手，最后还是让他跑掉了。我进屋点上灯一看，小姑的胸口扎着一把剪刀，已经断气了。"

王之涣听后问道："你可看清那人长的什么样子？"

刘月娥说："天很黑，没看清模样，只知他身高力大，上身没穿衣服。"

"当时你家里还有别人吗？"王之涣紧接着又问。

"我家里除了黄狗，就没有喘气的了。"刘月娥肯定地回答道。

"哦？你家养了一条狗？养了几年了？"王之涣继续问。

"我和小姑相依为命，因怕歹人前来，所以养了一条狗，到现在已经养了三年有余了。"王月娥悲戚地说。

"是这样！我再问你，那天晚上回家，你难道就没有听见狗叫吗？"

"没有，没有。我家里一点动静都没有。"王月娥回答完就直直地看着王之涣。

王之涣对她说："你赶快回去料理你小姑的尸首吧，无论如何得让她入土为安啊！事情既然如此，也请你节哀顺变，我定会擒到凶手，为你小姑报仇。"

王月娥千恩万谢地走了，王之涣叫来衙役如此这般交代了一番。这天下午，县衙差役就在各乡贴出告示，说县官明天要在城隍庙审黄狗。

人们一听都感到奇怪，纷纷议论："这个县官真是糊涂，明明是人杀了人，偏要审问黄狗，难道还是狗杀了人不成？"

第二天，好奇的人们蜂拥而来，将庙里挤了个水泄不通。王之涣见人进得差不多了，喝令关上庙门，然后命差役先后把小孩、妇女、老头赶出庙去。庙里只剩一百多个年轻力壮的小伙子。王之涣命令他

们脱掉上衣，面对着墙站好。然后逐一察看，发现一个人的脊背上有两道红印子，经讯问，他是刘月娥的街坊李二狗，正是他杀死了刘月娥的小姑。

王之涣这次破案与审狗有什么关系呢？原来，王之涣听到刘月娥说家里有条黄狗，晚上又没叫的时候，就断定凶手必是她家熟人，又听了刘月娥与凶手厮打的经过，进一步肯定凶手是个高个子，背上一定有抓痕，于是便有了审狗一说。

故事感悟

王之涣洞悉了问题的关键所在，故而一手制造了故事的悬念，最终令案情谜底浮出水面。他的"明"不仅限于有一双火眼金睛，而是真正做到了心中有数。

史海撷英

鹳雀楼

鹳雀楼位于山西省永济市蒲州古城西面的黄河东岸，是唐代河中府著名的风景胜地，它与武昌黄鹤楼、洞庭湖畔岳阳楼、南昌滕王阁齐名，被誉为我国古代四大名楼之一。

相传，当年常有鹳雀栖于其上，因此得名。鹳雀楼始建于北周（557—580年），废毁于元初。鹳雀楼到宋以后被水淹没，后水退却。

鹳雀楼共六层，前对中条山，下临黄河，楼体壮观，结构奇巧，风景秀丽。唐、宋之际，不少文人学士登楼赏景，并留下许多不朽诗篇，其中王之涣的《登鹳雀楼》诗最为著名："白日依山尽，黄河入海流。欲穷千里目，更上一层楼。"堪称千古绝唱，流传于海内外。

沈括的《梦溪笔谈》里给鹳雀楼的八个字:"前瞻中条,下瞰大河。"千年以来,它对于激励振兴中华民族之志产生了深远影响。

送 别

（唐）王之涣

杨柳东风树,青青夹御河。
近来攀折苦,应为别离多。

尹太后明察秋毫

刘裕（363—422），字德舆，幼名寄奴，庙号高祖。彭城绥舆里（今江苏省铜山区）人。南朝宋的武皇帝，中国历史上杰出的政治家、军事家，南北朝时期刘宋王朝的开国皇帝，420—422年在位。于隆安三年（399年）参军起义，在不到二十年的时间里，对内平息战乱，先后击败了孙恩、卢循的海上起义，消灭了桓玄、刘毅等军事集团；对外致力于北伐，取巴蜀、伐南燕、灭后秦，从一名普通的军人成长为名垂青史的军事统帅，取得了令世人瞩目的成就。称帝前后，他进行了一系列的改革措施，改善了政治和社会状况，为"元嘉之治"打下了坚实的基础。

西凉公李歆的小名叫铜椎，他的心眼儿也像铜椎，总是不开窍。做事不仅目光短浅，而且急功近利。他的母亲尹太后却很有见识。

刘宋武帝永初元年（420年）秋天，北凉河西王沮渠蒙逊决定讨伐西凉。为了出奇制胜，他故意率兵攻打西秦的浩亹。

到了浩亹，虚晃一枪，他就让军队偷偷撤回，潜伏在川岩一带。李歆听到北凉攻打西秦的消息，十分高兴，决定乘虚袭击北凉的都城张掖。尹太后闻讯大吃一惊，她匆匆赶来拦住儿子。

"铜椎，你调兵遣将，想干什么？"她问。

"军国大事，母亲何必过问！"李歆不耐烦地说。

"你好糊涂啊！"尹太后说，"西凉是新建的国家，地狭人少，保卫自己的国土尚且力量不足，怎么能随便出兵呢？"

"不出兵怎么开拓疆土？"李歆反问母亲。

"眼下应当以保国安民为重。河西王要是暴君，百姓自然归顺你；要是明君，你侍奉他也无不可。心存侥幸，轻举妄动，只能祸国殃民。你父亲临终时，不是嘱咐你'谨慎用兵，等待天时'吗？"母亲耐心地说。

李歆辩解说："北凉倾巢出动，国内空虚，这不就是'天时'吗？"

"铜椎，你根本不是沮渠蒙逊的对手。这家伙足智多谋，善于用兵，依我看，这是他设的圈套。"

尹太后苦苦相劝，李歆听不进去。他固执地率领大军出发，结果中了沮渠蒙逊的埋伏，全军覆没，他本人也惨遭杀害。西凉就这样被北凉吞并了。

沮渠蒙逊知道自己声东击西的计谋未能骗过尹太后，他一向敬佩尹太后的才智和识度，因此，便特地去拜访尹太后。谁知尹太后见了他，不仅面无惧色，反而冷冷地说："李氏是被胡人灭的，胡人！我已经知道了，你又要说什么？"

尹太后故意把"胡人"二字咬得很重，眉宇间流露出对沮渠蒙逊不屑一顾的蔑视。沮渠蒙逊的面孔"腾"地涨红了。他是匈奴人，最忌讳别人称他"胡人"。想不到一个老太婆竟敢对他出言不逊，让他陷入十分尴尬的境地。

周围的人都为尹太后捏了把冷汗，有个人悄悄对尹太后说："你的命操在人家手里，怎么能这样傲慢？"

尹太后听了哈哈大笑。她说："我一个老太婆，国亡家破，难道还要贪恋余生，做人家的奴仆吗？对我来说，早点死是件好事。"

那个人又奇怪地问："你儿子死了，国家也亡了，怎么一点儿也不悲伤？"

尹太后又笑了，她大声说："死生存亡，都是天命所定。我不是小孩子，干吗要挤出一副悲伤的样子？"

沮渠蒙逊在一旁听了这些话，愈加敬重尹太后。他不仅不怪罪尹太后，反而娶尹太后的女儿做儿媳妇，使两家结为"秦晋之好"。

□故事感悟

分析问题要把握事情的本质所在，尹太后正是看透了当时的形势，因此再三劝说儿子不要盲目出兵，结果不出其所料。推而广之，在现实生活中也是一样，我们应学习尹太后这般明察秋毫的眼光。

□史海撷英

刘裕崇尚节俭

刘裕身为皇帝，生活却极为简朴，史书记载他是"清简寡欲，严整有法度，未尝视珠玉舆马之饰，后庭无纨绮丝竹之音"。

义熙十二年（416年）八月，刘裕北伐后秦时，有宁州人献琥珀枕给他，刘裕知琥珀能治伤，便命人将琥珀枕捣碎分给将士，以作疗伤用。

刘裕灭后秦后，得到姚兴的从女，刘裕对她很宠爱而几乎误了政事。谢晦谏说此事，刘裕醒悟后，立即将女子赶走。

当时，宋台建好后，有人上奏请把东西堂施局脚床钉银涂钉，刘裕认为浪费，只让用直脚床，钉铁钉。

刘裕平日的衣着也很简朴，他常拖着连齿木屐在神虎门散步，左右侍从不过十余人。他的儿子向他请晨安也不拘礼，常穿着平常衣服。他的睡床床头挂的土布做的帐子，墙壁上挂着布做的灯笼，麻绳做的拂灰扫把等。为告诫后人勤俭，他还命人将年轻时耕田用过的耨耙等农具藏入宫中，以使后人知稼穑之艰难。

　　大明年间（457—464），孝武帝刘骏见此情景，与自己追求的豪奢简直是天壤之别，他感到刘裕寒酸之极，说："田舍公得此，以为过矣。"

王阳明施计巧断案

王阳明（1472—1529），即王守仁，幼名云，字伯安，号阳明子，谥文成，人称王阳明。浙江承宣布政使司绍兴府余姚县（今浙江省余姚市）人。明代最著名的思想家、哲学家、书法家和军事家、教育家、文学家，官至南京兵部尚书、南京都察院左都御史，因平定宸濠之乱等军功而封爵新建伯，隆庆时加侯爵。王守仁是陆王心学之集大成者，不但精通儒、释、道三教，而且能够统军征战，是中国历史上罕见的全能大儒。因他曾在余姚阳明洞天结庐，自号阳明子，故被学者称为"阳明先生"，后世现在一般都称他为王阳明，其学说世称"阳明学"。他的学说和思想体系，在中国、日本、朝鲜半岛以及东南亚国家都有重要而深远的影响。

王阳明是继朱熹后的另一位大儒，"心学"流派创始人。

一次，盗首王和尚被捕之后，由于禁不起严刑拷打招出了同伙多家兄弟俩人，于是多家兄弟也被捉拿归案。

时任知县的王阳明在重新审判这伙盗贼时，盗首王和尚却突然翻供了，他说："一人做事一人当，多家兄弟与此案无关，他们俩人是无辜的。"

不多时，府里也下达了一道批文，说多氏兄弟有可能不是王和尚的同伙，要王阳明复查。王和尚是在作案时被捕的，当时多氏兄弟并不在场，他们只是王和尚供出来的。现在王和尚翻供了，多氏兄弟的犯罪行为就无法确定，这确实很难判决。

通过了解，王阳明得知多家兄弟的家眷曾来探过监，他们不仅和兄弟俩人相会，而且还亲自见过王和尚。他们会不会以钱财贿赂王和尚，让他翻供呢？因为供出多家兄弟对王和尚没什么好处，如果翻供的话，还可以得到一些钱财，王和尚何乐而不为呢？

尽管王阳明认为自己的判断是正确的，但法律只重证据，其他一切都无足轻重。这个案子到底怎样了结呢？他思考了一夜，终于想出了一个好办法。

第二天，王阳明开堂复审，三个罪犯都跪在阶下，多氏兄弟再三诉说自己不是同伙，盗首王和尚也证明他俩与此案无关。他们看准王阳明不是乱动刑罚之人，认为只要咬紧口供，多氏兄弟就无法被判罪。

案子到这程度也无法再审了，这时忽然有差役来到堂前向王阳明报告说："大人，府里派专使送来公文了，公文好像与此案有关，您过去看看。"王阳明不敢怠慢，忙离开公堂到门前去接待府里的专使了。

这时堂上只留下三个强盗，他们相互挤眉弄眼，摆弄手势，王和尚做着拍打自己屁股的动作，多氏兄弟不理解，便低声询问。王和尚回答说："我是说，最多挨几十板子，挨过这一关就好了。"

多氏兄弟也说："我家里人在府里也通了门路，现在不是又来公文催促了嘛！"

不一会儿，王阳明回到了大堂，继续审案。突然从公案的桌围里钻出了一个差役，把刚才三个强盗的对话和举动向王阳明作了报告。

原来，王阳明事先就让那个差役钻在桌子底下，在审案时，自己假装有急事外出了一会儿，让三个强盗有机会对话，而他们的言语正好被钻在桌下的差役听得一清二楚。三个强盗见自己串供的阴谋败露，只得磕头服罪。

□故事感悟

是与非的分辨有时要在合乎情理的基础之上予以合理推断，必要之时要采取一些特殊手段予以辅助，真相自然随之明了。王阳明为人们做出了表率，值得借鉴。在日常生活中，人们经常会遇到类似的事情，倘若在追根溯源不见成效时，不妨做一些技巧性尝试，疑惑也许会豁然解开。

□文苑拾萃

龙潭夜坐

（明）王阳明

何处花香入夜清？石林茅屋隔溪声。
幽人月出每孤往，栖鸟山空时一鸣。
草露不辞芒履湿，松风偏与葛衣轻。
临流欲写猗兰意，江北江南无限情。

高柔明察断命案

高柔（174—263），字文惠。陈留圉（今河南杞县南）人。三国时期曹魏大臣。

三国曹魏时，高柔任廷尉一职。当时，军营中纪律十分严明，稍有差错，便将严惩，并且还要株连九族。

有一天，营中有人报告上司说，护军营军士窦礼已经好多天没有回来了，可能是开了小差，为了严明军纪，特请求追捕窦礼，并同时没收他的财产，还要罚他的妻子盈盈以及全家人都充当官家的奴隶。

消息传至窦礼的妻子盈盈的耳中，她不禁大惊失色，连称冤枉，并向官府提出申诉。但官府因为此案涉及军中大事，不敢受理，只是轻描淡写地推却了事。盈盈见无申诉之门，为了全家的安危，就拼死求见廷尉高柔，让其明察。

高柔听完盈盈的申诉，和蔼地问她："你怎么知道你丈夫不是逃亡而是另有他因？"

盈盈哭着说："我丈夫久经沙场，从来不惧怕战场上的刀光剑影，所以我相信他绝不会逃跑。另外，他对我宠爱有加，也不是那种轻薄浮

华不顾家庭妻小的人。我以为他的失踪一定另有隐情，还请大人公断。"

高柔听后觉得有理，问："你丈夫与别人有什么过节吗？"

盈盈回答："丈夫虽然是一介武夫，但为人极为善良，从来没跟人有过什么仇怨。"

高柔又换了一个角度问："你丈夫跟人有没有钱物上的交往？"

盈盈想了想，答道："对了，我想起来了。他曾借钱给同营军士焦子文，我丈夫曾多次向他索要，他都以种种借口不肯归还。"

高柔听后心中一惊。这焦子文为人狡诈刁蛮，前天酒后伤人触犯军纪，正被押在监狱，窦礼失踪一事会不会和他有关呢？想到此处，高柔对盈盈说："你先回去吧，等我调查之后再做决断。"

高柔待盈盈走后，立即传令将焦子文从大牢中提出，询问了几句前日伤人之事后，话锋一转问道："你曾借过别人家的钱吗？"

焦子文措手不及，大惊失色，过了片刻方才回答："我孤单贫穷，不敢借人家的钱。"

高柔见他神态有异，单刀直入道："你曾借过同营军士窦礼的钱，为什么还狡辩说没借呢？难道你还有什么事隐瞒不成？"

焦子文闻言脸色大变，知道事情已然败露，无言以对。高柔怒喝道："你已经杀了窦礼，我证据在手，你还是趁早招认，方可减罪，否则休怪军法无情！"

焦子文顿时吓得魂飞魄散，连忙叩头招认了整个犯罪事实。原来，这个泼皮无赖知道自己没有钱还给窦礼，就恶向胆边生，在一次酒后杀了窦礼。他还以为自己做的事人不知、鬼不觉，殊不知却自取灭亡。

□**故事感悟**

对与错、是与非的真相往往是埋藏于所谓的"地下"的，人们所需要做的便是层层盘剥真相上面的那层土。高柔明知事有蹊跷，于是逐步排查，得出了焦子文杀害窦礼的事实。推而广之，有些事情的解决或许要迂回曲折些，关键是要如何审视这件事情，依照合理的推理，得出最详实的结论，高柔在该层面上为人们做出了榜样。

■史海撷英

廷 尉

我国古代官名之一，始置于秦，为九卿之一，负责掌管刑狱。在秦、汉至北齐期间，是主管司法的最高官吏。廷尉人选一般为择取出身于律学世家者。

汉景帝中元六年（公元前144年），改廷尉名大理；汉武帝建元四年（公元前137年），恢复旧称；至汉哀帝元寿二年（公元前1年），又改为大理。

新莽时期，改名作士。东汉时恢复称廷尉，汉末又改为大理。东汉时权归台阁，廷尉处理案件时而也要听命于尚书，遇有重大疑案，需廷尉与尚书共同审理。

魏黄初元年（220年），称廷尉，后代沿袭未改，至北齐罢废。魏、晋、南北朝时期，廷尉职掌与两汉无区别。

薛宣切黄绢识罪犯

薛宣（生卒年不详），字赣君。东海郯（今山东郯城县）人。西汉大臣，历任宛句、长安县令，治县非常有名。汉成帝时，为中丞、临淮郡太守、陈留郡太守、左冯翊，为官赏罚分明，威德并施，功劳卓著。后为少府、御史大夫。公元前20年4月，薛宣为丞相，封高阳侯。公元前16年，邛成太后去世，薛宣办理不周。公元前15年被免相。汉哀帝时，薛宣被免为庶人，回东海郡，在家中去世。

薛宣，西汉末年丞相，素以断案严明而著称。

一天，有个人带了一匹微黄的绢到集市上去卖。不想走到半路却下起雨来。更为糟糕的是，所处的地方是前不着村，后不着店，连一个避雨的地方也没有。他没有办法只得把绢展开来遮风挡雨。雨越下越大，风越刮越凶，他不禁暗暗着急。

正在这时，远远地跑来一个人，他浑身冻得瑟瑟发抖，浑身上下的衣服都湿透了，来者请求到绢下避雨。拿绢的人立刻答应了。他想："人总有为难的时候，这点小事又有什么不能答应的呢！"

一会儿雨过天晴，卖绢的人正想背着绢赶路，却被后来避雨的那人一把拉住，并强说绢是他的。卖绢者立即大怒，于是两个人便你一言我一语地争执起来。两人各不相让，最后竟大打出手。路人纷纷劝架，但他俩仍然争执不下。

这时，正好时任郡太守的薛宣坐轿经过。看热闹的人见郡太守驾到，就纷纷躲开让路，那两人见太守来了就停止了争吵。薛太守问明事情的缘由后说："你们都说得很有道理，但光凭你们所说是不能判定绢的主人是谁的。我且问你们，那绢上可有记号？"

两个人的回答都一模一样。薛太守感到非常奇怪，但他深知这里面肯定有一个冒充者，于是脑瓜一转，计上心来。

他长长地叹了口气说："既然你们说得都一模一样，本官也无法判断，我看就这样好了。既然你们都说绢是自己的，又都不肯放弃。本官作个判决，不知你们是否有异议？"

两个人都点头表示同意。薛太守当即命手下拿出宝剑，将那匹绢一分为二说："你们每个人各拿一半，这样就好了，免得你们再在这里争执不休。"

两个人见太守这样说，都同意了，于是各拿上半匹绢走了，薛太守马上派人悄悄跟踪，看看他们各自的行为。

盯梢的人一直跟到集市，只见一人碰到同村的人便满脸愤怒地诉说了自己刚才不幸的遭遇，并且大骂郡太守是个糊涂官。另外一个人却手里拿着半匹绢喜气洋洋地叫卖，而且价钱喊得特别便宜。

盯梢的人立即把这一情况报告给太守，薛太守连忙命令将俩人喊来。赖绢者看太守的脸色铁青，知道自己骗人的勾当已经败露，只好老实招认，并将绢交出。太守把半匹绢还给了卖绢人，并重重地惩罚了赖绢者。

■故事感悟

薛宣运用了"欲擒故纵"之计，使冒充者原形毕露，继而真相浮出水面，谁是谁非也因之获得解决。

■史海撷英

西汉亡于哀帝、平帝之手

公元前7年，汉成帝刘骜死后，成帝皇后赵飞燕联同太子合力排挤太皇太后王氏。太子刘欣即位，是为汉哀帝。

刘欣即位后，其祖母傅太后及生母丁太后入主宫禁，并开始整萧王氏家族的势力。大司马王莽见大势已去，向王氏建议暂时退让，王莽辞官回到新野新乡封国。

据说，汉哀帝少年时本不好声色，是个熟读经书、文辞博敏的有才之君。他刚即位时，是想有一番作为的。他汲取了前皇的教训，知道身为皇帝必须政由己出，不能像汉成帝那样大权旁落。

但汉哀帝是个有治国之志却无治国之才的皇帝，又是历史上有名的同性恋，"断袖之癖"的典故所说即他与男宠董贤之事。汉哀帝宠幸董贤，22岁的董贤就被拜为大司马、大将军之职辅政，对其赏赐田。哀帝逐渐终日沉迷声色而不事政纲，使汉朝逐渐衰弱。同时，天灾不断，百姓苦不堪言。元寿二年（公元前1年），在位仅七年的汉哀帝因贪色纵情而死，年二十五岁。

汉哀帝死后，其堂弟刘衎即位，即汉平帝——刘衎是中山王刘兴之子，时年9岁。他是被王莽支持登基的傀儡皇帝，王莽势力开始扩大，并开始干预朝政，王氏权力再起后。汉平帝在位不到五年，死时年仅14岁。王莽趁机废孺子婴自己称帝，改汉为新，西汉亡。

巧辨笔迹擒诬告者

王安礼（1034—1095），字和甫。北宋临川人（今江西省东乡区上池村人）。王安石之弟。生于宋仁宗景祐元年，卒于哲宗绍圣二年。官至尚书左丞。北宋诗人。世称王安礼、王安国、王雱为"临川三王"。

王安礼任开封知府时，曾断过不少疑难案。

一天，有人投递一封匿名信，信中检举京城一个富户家屯有大量兵器，并养兵丁，且正在联络各方有关人士预谋造反。

王安礼接到信后觉得奇怪，虽然他与那富户没什么往来，但听说这人忠厚老实，心慈面善，是个本分的生意人，不可能做这种大逆不道之事。再看信中语言极为刻薄，许多罪名只有列举而无证明。根据多年办案经验，他认为这是匿名诬告而没当回事。

没过多久，京城竟四处传闻该富户谋反之事。几天后，这事竟传到皇帝那里。皇帝立即诏令开封府彻查此事，王安礼只得奉命前往。

富翁见知府到来很惊恐。官兵封锁住各个出口，进屋就开始翻箱倒柜，把富翁家搞得天翻地覆。但搜查了一天也没查出任何谋反的证据。

王安礼见此，更肯定了自己的判断。他问富翁："你平日里可有什么仇人？"

富翁摇摇头说："小人一向本分，况且我是生意人，以和为贵，从来不与人结仇。"

王安礼又问："你再回忆一下，可有什么人对你不满？"

富翁想了想说："哦，前不久有个靠写讼状谋生的马生前来借债，当时我手头正好没有现钱，没借给他。他认为我是故意不借给他钱，临走前说了许多怨恨的话，还说要给我厉害瞧瞧，我当时并没放在心上，现在想来必是他无疑。"

王安礼暂且将富翁拘至大狱，以免遭人非议。

第二天一大早，王安礼将马生传到衙门，他和缓地对马生说："听说你写得一手好字，本府这里有几本案卷，因书吏生病，上面催得紧，能否请你帮忙抄一下？"

马生受宠若惊地说："小人真乃三生有幸，愿意为您效劳。"当即，马生便落笔抄写案卷。

王安礼将抄好的案卷拿到后房一看，此字与匿名信上的笔迹出自同一人之手。王安礼即命手下将马生擒获，询问他写诽谤文书之事。物证皆在，马生无法抵赖，只得招认此事确是他所为，目的就是报复富翁。

□故事感悟

判案需要的是一双敏锐的慧眼，以及缜密的推理能力与良好的应变能力。王安礼明知是诬告，苦于没有证据，因此积极寻找线索，逐步推进，最后令真相昭然若揭。

贤明达理的长孙皇后

长孙皇后（601—636），河南洛阳人。祖先为北魏拓跋氏。长孙皇后于仁寿元年出生于长安，大业九年（13岁）嫁给了唐国公李渊的二子李世民为妻。李世民升储登基以后，被立为皇后。贞观十年（636年）六月，长孙皇后在立政殿去世，时年36岁。同年十一月，葬于昭陵。初谥曰文德，上元元年八月，改上尊号曰文德顺圣皇后。

在中国封建社会的后妃群中，识大体、重贤才、不私亲故的皇后可谓凤毛麟角，唐太宗的皇后长孙氏便是其中的佼佼者。

长孙皇后喜好读书，以历史上的善恶之事自鉴，并搜集古代妇人事迹，撰《女则》10篇，用来砥砺自己，并劝诫后妃。她崇尚俭约，反对奢华，约束自己，从不干政，也严禁其他女眷参与政治，从而保证了后宫的清宁无事，对贞观年间良好的政风作出了贡献。

在用人方面，长孙皇后常劝说太宗远小人，近贤良，虚怀纳谏。与此同时，她自己也非常尊重贤才。曾经有这样一件事：长乐公主要出嫁，因为她是皇后所出，从小深受宠爱，所以太宗特命有司厚送嫁资，超过

了永嘉长公主一倍之多。魏征以为不合礼制，故极力劝阻。

太宗回宫后，把这件事告诉了长孙皇后。皇后慨叹说："妾极闻陛下称重魏征，不知其故。今观其引礼义以抑人主之情，乃知真社稷之臣也！妾与陛下结发为夫妇，曲承恩礼，每言必先候颜色，不敢轻犯威严，况以人臣之疏远，乃能抗言如是，陛下不可不从。"于是派宦官赐魏征钱四百缗、绢四百匹，并传话说："闻公正直，乃今见之，故以相赏。公宜常秉此心，勿转移也。"

唐太宗十分信任魏征，可以说是言听计从。但刚正无忌的魏征也不时令太宗陷入尴尬的窘境。一次，魏征在朝廷上当众批评太宗，太宗恼羞成怒，罢朝回宫后，怒气冲冲地说："会须杀此田舍翁。"

长孙皇后听到此事，换上朝服，肃容立于庭前。太宗惊问其故，长孙皇后说："妾闻主明臣直，今魏征直，由陛下之明故也，妾敢不贺！"太宗幡然醒悟，转怒为喜，从此更加倚重魏征。

长孙皇后还十分注意不亲私故。她一家人都有功于唐，其兄长孙无忌更是太宗的布衣之交和重要的谋士，极具才干。太宗总想任命他为宰相，长孙皇后却坚持不许，说："妾托体紫宫，尊贵已极，不愿私亲更据权于朝。汉之吕、霍，可以为诫。"

长孙皇后以汉代吕氏、霍氏以外戚擅权，祸乱朝廷为教训，力谏太宗勿以后妃亲族为权贵，很有见地。太宗开始不听，以长孙无忌为尚书仆射，位列宰执。长孙皇后便背地里动员长孙无忌固辞不受。太宗不得已，只好免除长孙无忌的相职，改授开府仪同三司，长孙皇后才作罢。

长孙皇后于贞观十年（636年）病逝。对于她的死，太宗极为悲痛，他说："朕非不知天命而为无益之悲，但入宫不复闻规谏之言，失一良佐，故不能忘怀耳！"综观长孙皇后一生事迹，的确不愧为太宗的贤内助。

长孙皇后是非分明，知何事可为何事不可为，为唐代时期国家的安定与发展作出了突出贡献。在日常生活中，人们经常会遇到诸多事情的抉择，至于对与错，还需认真考量，长孙皇后为后人做出了榜样，值得我们学习。

■史海撷英

皇后称号的由来

上古氏族部落中，尤其在女性氏族部落时期，发号施令者一般为女性的权威，所以"后"的意思为有权威的女性长辈。在甲骨文的卜辞中，"后"经常被用来代指氏族中的女性首领。

皇后在后宫的地位如同天子，是众妃之主。

周朝以前，天子之妻都称为"妃"，周朝开始称为"后"。秦始皇统一六国后，改天子为皇帝，并定皇帝的正妻为皇后的后妃制度。但较完备的后妃制度和等级划分，是到汉朝才开始实际执行。

■文苑拾萃

春游曲

（唐）长孙皇后

上苑桃花朝日明，兰闺艳妾动春情。
井上新桃偷面色，檐边嫩柳学身轻。
花中来去看舞蝶，树上长短听啼莺。
林下何须远借问，出众风流旧有名。

第三篇
明察斷疑案

包公依常理识罪犯

包拯（999—1062），字希仁，庐州人（今安徽合肥肥东人），北宋官员，以清廉公正闻名于世。曾任天章阁待制，人称"包待制"；后晋为龙图阁直学士，故后人亦称"包龙图"，卒谥孝肃，赠吏部尚书。为官廉洁公正、不攀附权贵，故有"包青天"及"包公"之名。后世将他奉为神明崇拜，认为他是文曲星转世，死后成为地狱第五殿阎王。其黑面形象，亦被称为"包黑子""包黑炭"。

包拯在京都开封当了府尹之后，京都治安大为好转，百姓们个个兴高采烈，连连夸赞包拯。但当地的地痞流氓们却对包拯怀恨在心，总想伺机捣乱。

一天晚上，有两个流氓趁着月夜在一条僻静的街上放起了火。火焰肆无忌惮地向四周扩散，无数的火舌不住地盘旋上升，把京城的上空照得一片火红。

包公当时正带领一班公差在街上巡视，见此情景，马上分头召集百姓救火。不一会儿，人们一个个挑着水桶急匆匆地来了。当时距离失火的地方最近的有两个巷子，一个叫甜水巷，另一个叫苦水巷。

　　这时，人们就像没头的苍蝇一样乱撞，胡乱地找水。这时，只听人群中忽然有人高声问道："老兄，我们挑甜水巷的水，还是挑苦水巷的水灭火？"

　　另一个高声叫道："这还用问吗？甜水巷的水甜，苦水巷的水苦，救火当然要用苦水巷的水了。"

　　人们正在慌乱之中，也顾不得仔细琢磨，跟着那一问一答的人就拥向苦水巷。顿时，巷子里被人塞得满满的，哪里还能挑出什么水来？

　　包公见此情景，马上对两个公差说："快去，把刚才那一问一答的两个家伙抓起来！"不一会儿，衙役就像捉小鸡似的把那两人带到了包公面前。那两人见到包公大喊冤枉。

　　包公不屑地瞥了瞥他们，对人们高声说道："大家看好了，这两个就是纵火犯！你们上当了。快！这里留下一半人挑苦水，另一半人到甜水巷去挑甜水救火！"

　　一会儿，人们分别从甜水巷、苦水巷挑来了水，扑灭了火。然后，就一窝蜂似地拥到开封府去看包公审理纵火犯。那两人禁不住包公三问两问，就露出了马脚，最后不得不老实招供了纵火的事实。

　　押下犯人后，有人问包公说："大人，您怎么在刚才救火时就已经知道他们是纵火犯了呢？"

　　包公笑着答道："救火是十万火急的事，怎么挑水还分甜水、苦水呢？可他们一问一答，居然就把慌乱之中的人们都引到了苦水巷，这不是有意要让火越烧越旺吗？所以，我由此断定他们的问话是事先编排好的。再说，这两个人很面熟，当时我一想，对了，他们的父兄曾被我判过刑，看来对是我怀恨在心，因此有破坏社会治安、与我寻仇的动机。凭这两点，我断定他们是纵火犯。一审问下来，果真如此。这也就是人们所说的玩火自焚吧！"

旁听的人都觉得包公推断得合情合理，不断地"啧啧"称奇。

■故事感悟

是非的决断要顺应常理，凡做出有悖于常规事情的人，定然存在着这样或那样的问题，包拯就是依据该理破案，事实也证明了他的正确性。

■史海撷英

包拯七斗王逵

王逵是宋朝时期有名的酷吏，在他任地方官时，以各种名目随意增派苛捐杂税，对百姓横征暴敛，其中一次多收了30万贯，他用非法搜刮的钱财贿赂京官以谋取私利。而且，他对付百姓的手段也非常残忍，时常随意滥杀无辜，百姓对他深恶痛绝，但也很怕他。据说，他任湖南路转运使时，百姓纷纷躲藏到深山密林的洞穴里，以逃避迫害。虽然百姓对他恨之入骨，但他的行贿和阿谀奉承手段，使他受到朝廷宠信而官运亨通，位至淮南转运使的高职。

包拯为民请命，七次上书朝廷，欲请罢免王逵。一次，包拯在皇帝面前慷慨激昂，陈述王逵的暴行和百姓的疾苦，并力陈其利害。在包拯的反复弹劾下，王逵终于被罢免。

于成龙火眼金睛擒盗贼

于成龙（1617—1684），字北溟，号于山，明末清初山西永宁州（离石区）人。清朝官员，著名廉吏。历任知县、知州、知府、道员。康熙十七年（1678年），升福建按察使。福建巡抚吴光祚向朝廷举荐，称为"闽省廉能第一"。康熙十九年（1680年）春，康熙"特简"于成龙为畿辅直隶巡抚。于康熙二十一年（1682年）至二十三年（1684年）担任两江总督。康熙二十三年（1684年）四月十八日卯时去世。康熙感叹道："居官如于成龙者有几？"称其为"天下廉吏第一"。后归葬山西，谥号"清端"。

于成龙当巡抚到江苏高邮检查公务，途中碰上一个豪绅家准备嫁女。但在女儿出嫁前夕，放在家里的嫁妆被盗贼挖穿墙壁偷光了。刺史一时无法破案，于是案子转由巡抚办理。

于成龙接到案子后，命手下把所有城门关上，只留一个城门放行人出入。同时，他派公差守门，严格搜查进出的人所携带的行李。又出告示通知全城人都回家，等候第二天全城大搜查，他确信这样一来定能找到赃物。于成龙还暗下嘱咐公差，让他们看见再三出入城门的人就抓起来。

时过中午，公差发现两个嫌疑人，他们并没有带行李。于成龙说："他们就是强盗。"这两个人不承认。于成龙下令解开他们的衣服搜查。只见长袍里面还穿着两套女衣，一看都是那女子嫁妆中的衣服。原来，盗贼害怕第二天全城大搜查，急于转移赃物，但赃物太多难以带出，所以偷偷穿在身上，多次出城带出，没想到被于成龙的这种办法逮着了。

于成龙当县令时，一次到邻县办事。经过城外时，看见两个人用床抬着病人行走着，病人身上盖棉被侧卧在床上，头发上插着一只凤头钗。四个壮汉在两边紧跟着走，不时轮番用手推塞被子压在病人身子下，好像怕风吹了。一会儿，他们放下病人在路边休息，又换两个人抬。

于成龙走过去，又派随从转回去问他们究竟。其中一人说是妹妹病危，要送她回丈夫家去。于成龙走了两三里路，又派随从回去查看那些人进了哪个村。随从暗中跟着到一个村子，看到两个男人出来迎接，随从回来报告了于成龙。

于成龙到了县里问县令："贵县城中有没有出盗劫案？"

县令回答说："没有啊。"

当时，朝廷对地方官的政绩考查很严，各级官员都忌讳出现盗劫案。即使有被盗贼抢劫甚至杀害的也隐瞒不报。于成龙到客馆住下后，吩咐随从仔细查访，果然打听到附近一个有钱人被强盗闯进家里，用烙铁烫死了。于成龙把死者的儿子叫来问情况，他却不承认有这事。

于成龙说："我已经替你们县把大强盗抓来了。"

死者的儿子这才叩头痛哭，请求为父亲报仇雪恨。

于是，于成龙连夜见县令，县令派了差役四更天出城，来到那个村

中，捉了八个强盗，经审查都认了罪。当盘问那病妇是何人时，强盗供认："作案那夜都在妓院里，是与妓女合谋，把金银放在床上让她抱着，抬到窝主家才瓜分。"

大家都佩服于成龙神明，问他怎么识破这案子。于成龙说："这很容易识破，只是人们不留心罢了。哪有年轻妇女躺在床上，而让别人把手伸进被子里去的道理？而且，他们不断换人抬着走，床一定很沉。看床两边的人那样小心翼翼的样子，就明白里面一定藏有贵重东西。再有，如果真是病妇病重抬回家，定会有妇女出门迎接，但出来接的却是男人，又没有问一句病情，因此我判断这伙人就是强盗。"

□故事感悟

于成龙能够在如此短的时间内破案，不仅说明他能明察秋毫，还说明他具备深邃的洞察力以及极强的推理能力。鉴于其具备良好的对人性的揣摩，因此是与非的界定便显得尤为简单。时至今日，于成龙的做法仍具有积极意义。

□史海撷英

承宣布政使

承宣布政使是我国历史上官名之一。明朝初期，沿元制在各地置行中书省，洪武九年（1376年），撤销行中书省，以后陆续分设13个承宣布政使司，分属在全国的府、州、县，每司设左、右布政使各一人，与按察使同为一省的行政长官。宣德以后因军事需要，专设总督、巡抚等官，都比布政使高。

清代，正式定承宣布政使为督、抚的属官，专管一省的财富、人事等事宜，与专管刑名的按察使并称为"两司"。康熙六年（1667年）之后，每省设布政使一员，为从二品；但江苏设有两个布政使，一个在江宁，辖江、淮、扬、徐、通、海六府州，另一个在苏州，辖苏、松、常、镇、太五府州。该二司的长官布政使和按察使，又称藩台、臬台，同为省长。

■ 文苑拾萃

乙卯春题书雪堂

（清）于成龙

竹笋才生黄犊角，蕨芽初放小儿拳。
试寻野菜炊香饭，便是黄州二月天。

邓廷桢智断中毒案

邓廷桢（1776—1846），字维周，又字嶰筠，晚号妙吉祥室老人、刚木老人。江苏江宁人，清朝官员。善诗文，是著名的书法家，著有《双砚斋诗钞》。

清朝时，西安府汉中兵营一名士兵忽然莫名其妙地倒地身亡，士兵们立即上报知县。

经验尸官检验，断定该士兵是中剧毒而死。知县办案时得知，死者生前与一名名叫郑魁的兵士有嫌隙，通过调查发现郑魁在前段时间曾买过一包砒霜，由此断定郑魁是毒杀案的重点嫌疑人，立即让衙役将郑魁拘至大堂。

审问时，郑魁先说买砒霜是为了毒老鼠。经一顿毒打后才招供说："我先买了几个馒头，将砒霜夹在里面给他吃了，这样他就死了。"

知县心想："真是不见棺材不落泪，看来对于这等嫌犯，不打是万万不肯招的！"

知县进一步问："你在哪里买的砒霜和馒头？给死者吃馒头时谁看见了？快快招来！"

"在仁和药店买的砒霜,在十字街口买的馒头,给他吃时兵营隔壁大嫂看见了。"

"来人!"知县向捕役发令,"速将这几位证人传来!"

几个证人便到齐了,经当堂对质,证人所说和郑魁所供完全一致,案子结了。知县便呈文上报西安府。

西安知府邓廷桢看了案卷心中犯疑:既然这两人平时关系不好,死者怎么会轻易食用郑魁的馒头呢?此案必定有假。他决定重审。

邓廷桢找证人核实,他问卖馒头的:"你一天接待多少客人?"

"一百来个。"

"这些人都是什么样子,你都能记住吗?"

"不记得,这么多的人我怎么能记得呢?"

"既然你不记得这些人,怎么能记得郑魁呢?"卖馒头的人一时无话可说。

邓廷桢厉声喝道:"要知道作伪证是犯法的,快快从速讲来。"

卖馒头的大呼:"这事确与我无关啊,是捕役对我说,有个杀人犯已招认了,缺一个卖馒头的证人,叫我作证。我想他既然已经招了,作证就作证吧,其实我并不认识他。"邓廷桢又问那大嫂,她也是被捕役硬拉来当证人的。

复审的结果是,郑魁买砒霜毒老鼠是真,而其他证据都是假。邓廷桢命知县和捕役立刻来府,将复审的经过细说给他们听,并训斥说:"不能只凭板子办案。回去重新审理,速将结果报来。"

知县埋怨捕役说:"你怎么给我弄来的全是假证人啊?"

捕役无奈地说:"老爷已然定案,我不这样做,岂不砸了饭碗?"

经过再次审理得知,原来那死者是被疯狗咬后患狂犬病而死,所以是中毒的症状。

□故事感悟

　　是非不分是做人做事的大忌，轻则破财，重则伤人。可以说，明辨是非作为中华民族的传统美德，无论是古代还是在今天，都有着深刻的现实意义，需要后人认真地学习与揣摩，而邓廷桢便是大家的楷模。

□史海撷英

编 修

　　编修为古代官名，始于宋代。当时，凡修前朝国史、实录、会要（用于记录某朝代中各种规程制度及其变化的书）等，都可以随时设置编修官。枢密院也设有编修官，负责编纂记述。

　　明、清时期，该职属翰林院，其职位次于修撰，与修撰、检讨同称为史官。明、清翰林院编修，一般以一甲二、三名进士及庶吉士留馆者担任，但无实职。

汪辉祖明断田契纠纷

　　汪辉祖多次应考不第，于是入幕府为师爷。他聪敏过人，断案神速，为民申冤，颇得人心。他还好学不懈，精明干练，是一代名吏。

　　有一陈姓人家有个儿子，被本州的匡诚领去做养子，改名匡学义。后来，匡诚又有了自己的儿子，名匡学礼。于是，匡诚便赠给匡学义八亩田，让他复归陈氏本宗。

　　若干年后匡诚去世，匡学礼也一病不起。匡学礼弥留之际，又赠送匡学义五亩田，并把自己的孤儿寡母托付给他。匡学礼死后留下二百亩田产，其妻李氏和儿子匡胜时在匡学义做管家的帮助下，勤俭持家，十七年后又增购了一百亩田产。

　　一天，一个地主前来回赎田产，管家匡学义外出不在，李氏让儿子匡胜时寻找田契，发现上面记载，此地是李氏与匡学义同买，其他田契

也是如此写，不由得大惊失色。

匡学义回来后，李氏质问他，他坚持说田产原是共同购置，田租也是共分，这些都已经详细记入租册。李氏很气愤，便向道州告状，正巧汪辉祖受理此案。

汪辉祖认为，匡学义为李氏管理家务，田产买卖都是他一手经办，李氏拿了田契也不认得字，所以田契记载不足为凭。然而，若是抛开田契判案，又不能使匡学义心服。

汪辉祖传当事人到公堂上，判决道："现在田契、租册白纸黑字记得清楚明白，确系共同购置。"李氏哭诉，请求判明真假。汪辉祖挥手赶她出去，却大大嘉奖匡学义善于经营管理。匡学义很高兴，以为案子了结了。

汪辉祖与他亲切地闲聊起来，关切地问："你有多少家产啊？"

匡学义回答说："有13亩田，每年收租31石，净得16石米。"

汪辉祖问："家里有多少人啊？"

"我和妻子以及二男三女。"匡学义回答。

汪辉祖又问："家里收入怎样啊？"

匡学义回答说"我要代李氏管理她家的事务，只有长子在田间劳作。"

汪辉祖紧接着又问："照这样看来，你家吃粮都难以自给，怎么外面都传说你很有钱呢？"

匡学义答："我是哑巴吃黄连——有苦说不出啊！"

汪辉祖"啪"地一拍惊堂木，勃然大怒道："那么你和李氏共同购买田产的资金一定是偷来、骗来的喽！"

随即命令属下翻出以前尚未破案的失窃报告，说："有个失窃案所失银两很多，案犯尚未捉到，也是陈姓，难道是你吗？"

匡学义又惊又羞，当即磕头如捣蒜，如实招认道："我并没有做贼，所购田产确系李氏独有。我写成同买，是想等李氏过世后可同她儿子匡胜时争夺田产，因此对历年田租也没有分文的欺骗贪污。"

汪辉祖立即派人召回李氏，对她安慰一番，将田契上写有匡学义姓名的字迹涂掉，将伪造的租册焚毁，确认田产归李氏所有。李氏不胜感激，还请求严办匡学义。

汪辉祖说："匡学义的品行确实可恶，但你丈夫很有知人之明。如果不托他当管家，你家原有的田产都将荒废，怎能再继续增产？如果他一年年将部分田租侵吞，你今天也无从追回。只是他过分贪心，想在田契上做手脚意图瓜分田产，以致事情败露而一无所得。"

于是，宽恕了匡学义，只勒令他复归陈氏本宗。

■故事感悟

汪辉祖先是让罪犯心理处于松弛状态，而后"捏造"事实使之心理趋紧，令罪犯在惶恐中吐露实情。该方法在今日仍具有实战意义，值得后人学习。

■史海撷英

汪辉祖清明廉洁

汪辉祖在幕中不但清明廉洁，又常以宽厚之心、严谨之思断案，时有"事经汪君，必无冤狱"之誉。

平湖县有个叫盛大的逃军，回当地纠匪抢劫被逮捕，他觉得自己必死无疑，不想多吃皮肉之苦，问什么劫案都信口诬服，其实有些案子不是他做的。汪辉祖发现口供疑点，进而找寻物证，抽丝剥茧，洗清了盛大未犯的罪名。最终，盛大没有被判死刑。

段光清善断疑案

段光清（1798—1878），字明俊，号镜湖，安徽省宿松县仙田庄段家老屋人。清朝官员。乡试中举，后历任建德、慈溪、江山知县，宁波府知府、补西防同知。咸丰四年（1854年），任杭嘉湖兵备道，同年又调补宁绍台兵备道。咸丰八年（1858年），任浙江按察使，又晋封吏部左侍郎、光禄大夫。深受百姓拥戴，有"青天"之称。光绪四年（1878年）农历七月初二逝世，李鸿章为他撰写了墓志铭。著有《镜湖自撰年谱》。

清朝福建闽侯县知县段光清，一向以善断疑案著称。

一次，福建省总督府签押房中丢失了700锭银子，总督要段光清限期破案。段光清一口应允道："大人，请放心，多则十天，少则六天，下官保证将盗贼缉拿归案。不过还请大人答应我三件事。"

"你说说究竟是什么事，只要本官力所能及，一定相帮。"

段光清笑道："那就多谢大人。第一件，请准许本县差役守卫总督衙门四周；第二件，凡从大人衙门口出入者，一律准由卑职派人检查；第三件，卑职来见大人，不论何时何地，还望不要拒绝。"

总督立即应允，段光清立即回县衙部署。一连几天，段光清接二连三地求见。白天也来，深夜也来，有时一天竟然来好几趟，总督因事先答应，也不便拒绝。

可奇怪的是，段光清到了总督面前却又一句话也不说，只是前后左右看看就告辞了。总督感到莫名其妙，一头雾水。

第六天一早，段光清便带着衙役和刑具急匆匆直奔总督府。恰逢总督出巡，仆役前呼后拥地已经走到了门口，段光清上前行礼后便道："大人，案子已破。"

总督大喜问："窃贼在哪？"

段光清指着总督身边的一个随从，厉声道："就是他！快给我拿下！"

总督见他所指乃是自己的心腹之人，便吃惊地说："这可是我的心腹，你可有证据？"

段光清并不搭话，只是领着众人来到总督府中的花厅。花厅里有一张床，段光清命人将床抬走，只见床下有一堆松土，挖掘开来，里面果真藏着一大包银锭，一数只有200锭。

段光清对被捕者喝问道："老实交代，其他银子藏在什么地方？否则严惩不贷！"被捕者吓得浑身发抖，只得供出其余500锭银子的藏匿地点。

总督钦佩地问段光清："你是怎么破此案的？"

段光清笑道："签押房是机要重地，只有内贼才有机会行窃。可此地吏员仆役甚多，什么人作案一时间难以判断，所以才向您提出三条请求。盗贼心虚，一定急于了解我的行踪及破案情况。我来求见，他必定设法偷听。不出所料，我每次来总见该人悄然窥视窃听，如果不心虚，何必如此呢？但是，所失之银藏于何处，我还不知，便在府中到处观察。一次走过那间花厅，无意发现里面的床被人移动过，再一

观察，又见那仆役的眼神也时常盯着床处。于是，我断定这儿可能便是藏赃之处。"

总督听到此处，不禁连声称赞道："真乃神人也！"

■故事感悟

犯了错的人，神情较之旁人总会有些不自然，如果认真地对周围情况予以观察，蹊跷之处总会浮出水面，谁是谁非也随之昭然若揭。明察秋毫的段光清正是抓住了这一点，故在短短的六日内破案，可叹可敬。

■史海撷英

知 县

知县是我国古代官名。县制始于春秋，秦、晋、楚等国在新兼并的边地设县，后推行到内地。秦统一六国后，在全国推行郡县制。秦、汉以来，县令是一县的主官。唐朝时期，称佐官代理县令为知县事。宋朝时，一般派朝官到地方兼领一县之长，管理一县行政，称"知县事"，简称知县，有的还兼管军事，官为七品。知县的助手有县丞、主簿等。县丞协助知县管理县政，主簿管理全县的粮税、户籍等。

元代，县的主官改称县尹；明、清以知县为一县的正式长官，官职为正七品。

张治堂拆马褂断翻案

张治堂（生卒年不详），清朝人，曾任南昌同知。

清代，官吏张治堂任南昌同知时，审理过一起颇费周折的案件。案件记录为：一贼人入室盗窃，被失主发现，二人厮打起来。在争打中贼人用刀连续猛砍失主，失主倒毙在地。县令派差役抓捕了该犯，贼人对所犯罪行供认不讳。县府把案犯和物证一同解送府里复审，再由知府转送按察使司审批。但案犯几日后竟翻供，只好发还重审。

张治堂仔细阅读案卷后，记载的血衣凶刀都是当场缴获，无疑该犯是真正的元凶。

但提审时该犯却辩解说："血污白布短衫是失主的，不是我的，衣上有三处刀砍的洞可以作为证明。凶刀是差役后来上交，并不是从我身上搜出来的。我不是盗贼，更没有杀人，是差役怕不能及时破案遭到责罚才凭空陷害我！"

张治堂命属下查验血污短衫，果然有刀砍破痕三处，的确是失主的血衣，且是贴身所穿。既然有刀伤的血衣没有被剥取，何况失主被杀之时，该犯正在逃命，更没时间剥取血衣。死后剥衣已很难让人相

信，杀人犯再穿上血污衣是可能的。还有一个无血的羊皮马褂作何解释？

于是，张治堂当着凶犯的面询问差役："有没有穿羊皮马褂的小偷啊？"差役不知如何回答。

张治堂又转问嫌疑犯："恐怕这件马褂也不是你的，是借别人的吧？"

那人答道："这马褂是我的。我从来不借衣服穿，人家也不借我的衣服穿。"

张治堂又问："你的马褂上有标记吗？"

"领口后背合缝处有线绣的'万'字，靠近领口的扣襻还是去年新换的。"

经查，嫌疑犯所言不假。张治堂反复细看马褂，见缎里陈旧，皮面泛黄，里子和皮面似乎都有用水擦洗的痕迹，唯独胸前一块皮面硬邦邦的并露出水印，便问："怎么会有水？"

"是雨水打湿的。"嫌疑犯回答道。

张治堂冷笑道："为什么雨只打湿了胸部，而其他地方是干的呢？"

那人脸色顿变，结结巴巴地说："这是擦洗油腻弄湿的。"

张治堂反驳道："油腻不是水能擦得掉的。"

此时，嫌疑犯低头不语。根据他的表现，完全可以定案。但擦洗血迹之举还不能作为证据，难以使犯人心服口服，即使招认也难保以后不再翻供。

张治堂再细想到，擦洗不是拆洗，水分浸湿皮服，血污一定不会少，且胸前几处毛黄色重，估计有血渗入了里面的贴边布。他马上拆看，果然在白布贴边上有大血点四处。

张治堂让凶犯自己看事实，凶犯面如死灰，只好将杀人经过——供出。不靠刑讯，只靠事实和深入的盘问查出真相，让犯人服罪，此案再也不能翻供了。

■故事感悟

人常说，"细节决定成败"，在此处人们也可将之延伸为"细节判定真相"。可以说，这不仅对缜密的逻辑能力提出了考验，对一个人的认真程度也是一个不小的挑战。而对于明察秋毫的张治堂而言，这些不过是顺手拈来的事情，是与非的问题因此也不再棘手，令人钦佩。

■文苑拾萃

同 知

同知是我国明、清时代的官名。同知是知府的副职，级别为正五品，因事而设，一般设一两人，没固定人数。

同知的职责是分掌地方盐、粮、捕盗、江防、海疆、河工、水利以及清理军籍、抚绥民夷等事务，同知办公的地方称为"厅"。

另外，知州的副职也称为州同知，级别为从六品，无定员，分掌本州内一些事务。

徐昆访哑女明断凶案

徐昆（生卒年不详），字后山。平山（一作平阳）人。著有《柳崖外编》《雨花台》。曾任浙江金华知府。

清朝雍正年间，有位举人出身的地方官名叫徐昆，他担任浙江金华知府，在任职期间秉公办案，深得百姓信服。

一次，徐昆审阅案卷时，看到一案卷引起他的怀疑。案卷记载，该县乡绅魏七十中年丧妻，只留下一个哑巴女儿。后来，魏七十又续娶了邻乡的寡妇李氏为妻，李氏有一子刚会走路。但二人刚成婚不久，李氏母子死亡，有人在魏家墙外的池塘里发现那母子的尸体。这时，正好李氏前夫的弟弟郦十九前去探望嫂嫂，见嫂嫂和侄儿已死，且死得不明不白，于是告到县官。此时，魏七十也来报案，说李氏母子溺水而死。

汤溪县官认为，尸体既是从池塘里打捞上来，当属溺死无疑，况且郦十九也拿不出任何嫂嫂和侄儿被谋杀的证据。于是，此案以溺死了结。

徐昆看完案卷，感觉县官处理该案过于草率，便更换民服，到案发地点进行察访。察访期间，他发现当地乡民对此案都噤若寒蝉。徐昆感到奇怪，如果二人真是溺水而死，乡民们为何如此避而不谈呢？这更引起徐昆的怀疑，于是，他来到魏七十家，魏七十有事外出，只有魏七十前妻留下的女儿在家。此女已长大成人，只因是哑巴而尚未出嫁。徐昆向她询问，她支支吾吾地也无法说清。徐昆见哑女精神忧郁，好像有难言之隐，徐昆指着墙上哑女生母的遗像时，她竟哭了。徐昆心想，哑女悲痛的原因可能因为其母是被虐致死。他想，有可能哑女知道继母母子死亡的原因，只是说不出来罢了。想到这里，徐昆向哑女打手势，哑女虽用手比划，但表达得相当真切。徐昆表达对的，哑女就点头；不对的，哑女就摇头否认，徐昆终于把案情摸清。

徐昆回到金华，将该案的相关人传到府里，他对魏七十说："李氏母子并非溺水而死，而是被你打死的！"魏七十闻言大惊失色。徐昆继续描绘了案发时的场景：那天，李氏正在蒸糕，孩子吵着要糕吃。拿糕时，孩子不经意打翻了糕盘。魏七十见了大怒，就猛打孩子，竟把孩子打死。李氏见儿惨死，就揪住魏七十，魏七十又将李氏打死。他将母子俩的尸体藏匿在空屋里，隔天正遇郦十九前来，他就以母子二人淹死搪塞过去。郦十九走后，他假戏真做，将母子二人的尸体丢入池塘，不久被人发现，也被当做淹死了。

徐昆说的就像在现场看见一样，所言与魏七十的所做一模一样，同时有邻居作证，而且尸体上的伤痕都在。在事实面前，魏七十见无法抵赖只得当堂招供认罪。至此，他怎么也不会知道徐太守是通过察访哑女获得的真相。

■故事感悟

真相是遮掩不住的，即便被浮尘淹没，也难逃明察秋毫者的慧眼。徐昆在感到事有蹊跷之后，逐步探索，终于使其冤情得以昭雪。该故事告诉

人们，不要轻易相信道听途说，要怀揣着一种明察秋毫的精神对有疑点的事情予以探求。

■文苑拾萃

知 府

知府是我国古代地方官职名，又称"知州"，即"太守"，是地方州郡的最高行政长官。

唐朝以建都之地为府，以府尹为行政长官。

宋代，大郡称为府，以朝臣充各府长官，称以某官知（主管）某府事，简称"知府"。宋代正式设立州府级地方长官"知府事"。

明朝出现以"知府"为名的正式官职名，为府的行政最高长官，管辖所属州县的一切事物，如宣布国家政令、审决讼案、稽察奸宄、考核属吏、征收赋税等一切政务。

清沿明制。

知府又尊称府尊，亦称黄堂。

幼年于仲文试牛断案

于仲文（545—613），隋朝政治军事人物，字次武，河南郡洛阳人。北周宣帝时，为东郡太守。杨坚为丞相，以于仲文的功劳，授予他开府，进位大将军，领河南道行军总管。隋文帝建立隋朝，以他为行军元帅，率十二总管出击突厥，可汗见他军容整肃，不战自退。隋文帝命于仲文勘录省中事，他发现许多问题，皇帝嘉奖他明断。晋王杨广看中了于仲文的将领之才，命他监督晋王军府事。突厥入侵，于仲文大破突厥，仁寿年间，为太子（杨广）右卫率。隋炀帝即位，为右翊卫大将军，掌管文武选事。跟随隋炀帝西征吐谷浑，进位光禄大夫，很受皇帝信任。东征高句丽失败，回军后被下狱。释放后，忧愤而逝，享年69岁。撰写《汉书刊繁》30卷，《略览》30卷。

于仲文小时候，村上有任家和杜家都丢失了一头牛，两家都倾巢出动分头寻找，找了好久也没有找到。后来，别人总算为他们找到了一头牛，但两家都抢着说那头牛是自己的，双方争执不下，就把官司打到了州里。州官也难以判断，案子也就悬了起来。

这时，益州长史韩伯俊灵机一动，对州官说："少年于仲文聪颖过人，为何不召他来断案？"

州官不以为然地说："嘴上无毛，办事不牢！此案大人都不行，何况小孩子呢？你可真会开玩笑！"

韩伯俊说："大人此言差矣。"说着，就向州官介绍了于仲文9岁时跟着父亲去晋见隋文帝的趣事：皇帝问于仲文："听说你喜欢读书，书里记载着哪些事啊？"

仲文从容地回答道："奉养父母，服务国君，千言万语无非是'忠孝'两字而已。"

于仲文概括能力之强令人惊异，隋文帝连连赞叹道："说得好！说得好！"

韩伯俊说："大人，您看于仲文这小子如此聪明，何不让他一试？"州官听后欣然应允，即刻命左右持着大红请帖前往于家。

于仲文到达州府，问明前后情况，微笑道："这个案子很容易判定。"

他的话刚一出口，在座的各位大人相视一笑，都露出鄙夷的神情，认为于仲文在开玩笑。

但看到于仲文凛然的神情又像是胸有成竹，于是，他们也不便多说什么，只当是看了个笑话。

于仲文看到众位大人的神情也微微一笑，并没有多说什么，只是叫任、杜两家各将自己的牛群全数赶到州府前的大空场上。

他见一切准备妥当，便喝令道："放牛！"说完，那头牛直往任家牛群奔去。

场上人群欢呼起来："是任家的，是任家的！"

于仲文冷眼一观，见杜家不服，便叫道："慢，把那头牛单独赶出来。"

牛出来了，于仲文命差役用鞭子狠命地抽打，任家的人奔上前去，拼命地抵挡，还将鞭子夺了下来；而杜家的人只是在旁边喊道："不要打了，不要打了。"那喊声有气无力，像在演戏。

于仲文看了，便厉声盘问杜家人："如果查出这头牛不是你家的，而你们硬要冒领，除了十倍罚款，还要承担法律责任啊！"杜家人知道瞒不过于仲文，只得承认自己有冒领之罪，诺诺连声，告退而去。从此，于仲文"神断牛案"的名声就传了出去。

■故事感悟

运用常理判断是非是一种常规方略，有些时候却可能出奇制胜。于仲文深知牛被饲养久了，对主人定然熟悉，感情也逐渐加深，因此寻找主人便也不是难事了。于仲文恰是将该理论运用到了极致，因而瞬时将答案公布于众。

■史海撷英

仪同三司

仪同三司，我国古代一种官名。始于东汉。本意指非三公（司马、司徒、司空）而给予与三公同等的待遇。魏晋以后，将军开府置官属者称开府仪同三司。至南北朝末，遂以"仪同三司"为一种官号，并置开府仪同大将军、仪同大将军等官。隋唐以后仅为散官。明废。为此官者，亦称为开府或仪同。

柳庆审案不放疑点

柳庆（516—566），字更兴。北魏解（今山西永济）人。天性抗直，无所回避，为当时少有的直臣。

柳庆在任北魏雍州别驾的时候，遇到一个奇案。

一次，某商人携带20斤黄金到京城去做买卖。因为身上带有数量惊人的黄金，他没敢到大客栈投宿，而装作一副落魄的样子投宿到一家小客栈里，这样不容易引起别人的注意。商人每次外出，都细心地锁好房门，自己随身带着钥匙。

一天，商人外出回来，见门锁得和往常一样，并没有碰动过的痕迹，就推门进屋。可是，到藏黄金的地方一看，黄金竟然都不见了，商人不禁吓出了一身冷汗。"哎呀，这可是20斤黄金啊！是我的全部家当，现在竟然丢了，我以后可拿什么生活啊！"

商人不禁痛哭起来。哭了一会儿，他擦干了眼泪低头琢磨起来：这房间是我的包房，别人是进不来的。啊？对了，别人进不来，但店老板能进来，我怎么把他给忘了。想到这儿，他立即整理好行装到县衙状告房主人偷窃之罪。县官听完商人的陈述，立即将房主拘来审问。略施刑讯之后，房主便全部招认。于是县官将房主投入监牢，又继续追查赃物。

雍州别驾柳庆得知此案，心想：房主进入自家的客房，也是情理之中的事，但不能以此为理由就说房主是窃贼。房主人有可能偷窃，但也不能排除另有他人。

于是，柳庆召来商人问："你的钥匙经常放在什么地方？"

商人异常肯定地答道："大人，小人总是随身携带钥匙，并没有把钥匙放到任何地方。"

柳庆又问："既然如此，你又经常和谁在一起睡觉呢？"

"没有。我在这并无亲戚朋友，所以客房里只有我一人。"

"那你可曾同别人一起喝过酒吗？"

"喝酒的事倒是有。前些天我曾经和一个和尚喝过，我们一共开怀畅饮了两次。但这和尚没有近到我的身边，也没有进过我的住房。"

"那你可曾在外面睡过觉吗？"

商人想了想说："第二次与和尚喝酒喝多了，就在和尚的屋里睡了片刻午觉！"

柳庆听后，断然指出："房主人是因为受不了严刑拷打，才说自己犯了偷盗之罪，他其实并非真正的窃贼，那个和尚才是真正的窃贼啊！"

柳庆当即派衙役去传讯那个和尚，和尚却已经携金逃跑了，后来经多方追捕才将他捕获，追回了商人失去的黄金。

■故事感悟

柳庆在知悉事情的前后经过后，不放过任何一个可疑点，层层分析，结果也随之趋于明朗化。由之可得出一个结论，明辨是非不仅是需要学习的美德，更是断案者应具备的能力。

■史海撷英

柳庆直率

柳庆的父亲住在颍川（今河南许昌），距京城洛阳较近，那里豪富人家很多。在选聘乡官时，豪富人家争着找他说情应聘，这使柳庆的父亲很为难。柳父对儿子们说："权贵请托，吾并而不用。其使欲还，皆须有答。汝等各以意为吾作书也。"

柳庆理解父亲的处境，于是给父亲作书写道："下官受委大邦，选吏之日，有能者进，不肖者退。此乃朝廷恒典。"柳父读了之后，心里十分欣慰，也赞赏柳庆的直率，他感叹道："此儿有意气，丈夫理当如是。"于是，按照柳庆所书上报。

■文苑拾萃

凉州乐歌

（北魏）温子升

远游武威郡，遥望姑臧城。
车马相交错，歌吹日纵横。

李惠审案拷打羊皮

李惠（生卒年不详），南北朝人，官至太守。

南北朝时期，一个盐贩子背着一袋盐到雍州城贩卖，路遇一个卖柴的樵夫。两人同走了一段路后，坐在一棵大树下休息。当他们起身准备继续赶路时，却为铺在地上的一张羊皮争执起来，都说羊皮是自己的，为此打了起来。

过路人见他们打得不可开交，上前将他们拉开，让他俩到州府评判。两人面红耳赤地赶到州府。

太守李惠让他们讲事情经过。背盐的说："大人，这羊皮是我的，我带着它走南闯北贩盐，已经用了五年。我们贩盐的没有羊皮可不行啊，一到夏天，毒辣辣的太阳烤着，如果不披上这张老羊皮，我的肩膀会被盐水泡烂。大人，您要明鉴啊！"

砍柴的嚷道："你这个人好不知羞耻，竟要把我的东西说成是你的！我进山砍柴时总要披着它取暖，背柴的时候拿它垫在肩上。现在羊皮成了你的，那我用什么啊？大人，我说的句句是实情，请您明察。"

两个人滔滔不绝地讲着各自的理由，外人一时竟看不出真假了。

李惠见此，对二人说："既然你们都说了这么多各自的理，本大人还真有些为难。不如这样，你们先到前庭歇息一下，等一会儿审理有了结果我再叫你们俩。"

两个人听完，都气呼呼地下去了。两人退下大堂后，李惠笑着问左右的差役："如果拷打这张羊皮，能问出它的主人是谁吗？"

衙役们对李惠说："大人，我们只知道拷打犯人能知道事情的真相，还没听说过拷打羊皮就能断案的呢！您不会是在开玩笑吧？"

"我堂堂的大老爷能胡说吗？你们听我指挥，就能明白其中的奥秘。"李惠如此说。

只见李惠吩咐："把羊皮放在席子上，打它40大板！"

衙役们遵命，"乒乒乓乓"一阵乱打，一会儿40大板就打完了。李惠上前拎起羊皮看了看，对衙役们说："看，它果真吃不住打，已经招供了。"

接着又大喝道："传他们上来！"

盐贩子和砍柴人上堂后，李惠说："羊皮已经招供了，说卖盐的是它的主人。"

砍柴的红着脸说："大人，羊皮怎么能说话呢？"

李惠指着散落在席上的盐屑说："那你自己看看吧，看看羊皮为什么能够说话。"

砍柴的上前仔细看了一看，知道无法再蒙骗了，只好向盐贩认错。

■故事感悟

李惠深知如何分辨两人的职业，羊皮虽不能说话，但在一定程度上却可以反映出内在的线索。他正是从这方面切入，使真相显露出来。此事说明一个道理：看待事情要从本质出发，只有这样，才能将最真实的一面展示出来。要做到事事明察，上述则是其核心所在。

■史海撷英

雍 州

雍州指现在陕西省中部北部、甘肃省、青海省的东北部以及宁夏回族自治区一带。雍州自古是中国古九州之一，其名来自陕西省凤翔县境内的雍山和雍水。

凤翔古称雍州，位于关中西部，凤翔地理位置尤佳，其北面千山，南有渭水，东望西安，西扼秦陇。这里曾是周室的发祥地，因传说"凤凰鸣于岐，翔于雍"而得名。

雍州自西周到西晋，一直是京畿或京畿附近。汉武帝设十三州刺史部时，该地区西属凉州，东归司隶校尉，而未独设州。东汉时，汉光武帝定都洛阳后，设立过雍州，但不久取消。兴平元年（194年），雍州再度成为行政区。汉献帝分凉州河西的武威、张掖、酒泉、敦煌、西海设立雍州，治所在姑臧。建安十八年（213年），凉州与司隶校尉部的三辅一起并入雍州，治所在长安。

曹魏时期的雍州，其范围固定在原凉州黄河以东和司隶校尉部的长安及附近的三辅。西晋不变。十六国的前秦、后秦曾将雍州迁至安定郡（今甘肃镇原）和蒲坂（今山西永济），北魏、西魏、北周将长安及其附近地区设为雍州，治所在长安。

东晋和南朝将雍州侨置襄阳。隋统一后，以长安及其附近地区为雍州，隋炀帝改为京兆郡。唐朝又改为雍州，唐玄宗设立京兆府。